德國在那裏？

——聯邦德國四十年

文化・統一篇

許琳菲
郭恒鈺 等著

三民叢刊 20

三民書局印行

序

郭恒鈺

「德國在那裏?」這是法國大革命以後，一直困擾德國人的一個歷史問題。它有兩層意義：領土與祖國。

作家席勒（Friedrich von Schiller, 1759-1805）在一七九六年就指出：「德國?它在那裏?我找不到那塊地方。」詩人海涅（Heinrich Heine, 1797-1856）也提出同樣的問題：「德意志從那裏開始?到那裏為止?也許人們祇能指出，德意志人能喝啤酒……」在一八三〇年，當民族運動進入高潮的年代，大文豪歌德（J. W. von Goethe, 1749-1832）痛苦地說：「我們沒有一個城市，甚至沒有一塊地方可以使我們堅定地指出：這就是德國！如果我們在維也納這樣問，答案是：這就是奧國！如果我們在柏林提出這樣的問題，答案是：這裏是普魯士！」哥德把他出生的城市法蘭克福視為他的「祖國」也就不足為奇了。當一八四八年在德國發生三月革命的時候，梅特涅（Klemens Wenzel Lothar Fürst von Metternich,

1773-1859)，這個堅決反對德意志人建立一個統一的、民族的國家的奧國侯爵，認為有一個德意志民族的說法，根本就是神話；「德國」不過是一個地理上的概念而已。

在納粹年代，稱薩克森王亨利一世從九一九年到九三六年的王朝為「第一帝國」，稱一八七一年由俾斯麥一手建立的德意志帝國為「第二帝國」。納粹黨人認為，這兩個帝國都未能完成它的歷史使命：在德意志人應有的領土上建立一個強大的民族國家。(至於威瑪那一段，共和共產，喪權辱國，就更不必提了。)但是，希特勒的「第三帝國」(從一九三九年起，納粹政府明令禁止使用「第三帝國」這個稱呼，改國號為「大德意志帝國，Großdeutsche Reich」。)給德意志民族帶來的則是國家的一分為二，領土的四分五裂。戰後聯邦德國的外交與內政，多多少少都與領土、疆界這個歷史包袱有關。一直到一九九〇年十月三日兩德統一、同年十一月十四日聯邦德國與波蘭外長簽署德波邊界條約之後，「德國在那裏？」這個歷史問題才獲得解決。至於德國人的祖國在那裏？那又是另外一個歷史課題了。

第二次世界大戰後，直到八十年代初期，由於諸多因素(諸如語言、人際關係)，留學德國的中國學生不多，而學社會科學的人更少。國人對德國的興趣不高，也相當陌生。最近十多年來，情況改變，尤其是大陸留學生人數逐年增多，僅統一前的西柏林一地就有千人左右。這也說明為什麼本書十一位在西柏林深造的著者中，有九位是大陸的年青學者，僅有兩位來自臺灣。

最近幾年來，由於兩岸關係不斷發展、互動，在臺灣討論「德國模式」及聯邦德國基本法的言論，經常見諸報章；人們開始注意西德的政經發展，特別是它與東德的特殊關係。一九八九年五月，是聯邦德國成立的四十週年。年初開始組稿，計畫出版一本從政治、經濟、文化方面介紹聯邦德國的書。但是當時沒人想到，當這本小書與讀者見面的時候，東西德國已經統一了。

撰稿的年青學者及編者，深切希望這本小書對認識聯邦德國能有些許幫助，並請讀者指正。

德國在那裏——文化・統一篇

序　郭恆鈺　1

叁、文化　1

德國當代哲學　孫善豪　3

當代德國文學　鍾滙娟　21

聯邦德國的教育事業　高玉龍　55

聯邦德國音樂發展概況　林華　93

未知的文化力——戰後德國新聞理論　郭恆鈺　121

肆、「德國模式」　137

德國的分裂與統一　姚朝森　139

兩德統一與「西德經驗」　郭恆鈺　173

伍、附錄

聯邦德國十六個州簡介　許琳菲　187
德國統一大事記　許琳菲　189
　　203

叁、文化

叁、文部

德國當代哲學

孫善豪

一、背　景

德國向被稱作「思想家與詩人的國度」。的確，當英國正忙著進行工業革命與世界性的經濟侵略、法國正忙著在國內進行一次又一次政治革命的時候，德國人——這個嚴肅深沉的民族——卻靜靜地在作深刻的思考。他們似乎一度是世界歷史的旁觀者，只等待時機成熟，就立刻要以雷霆萬鈞之勢搶上歷史舞臺，大展身手。

康德，這位「科尼斯堡偉大的中國人」（尼采語），無疑是德國哲學傳統的第一位大師。他一方面總結了「理性主義」與「經驗主義」的爭論，一方面也開啓了一個新的時代。而他在主體結構中探尋知識與道德兩者成立的可能性條件的這種「批判」方法，也正應合了普魯士一統日耳曼前那種整軍經武、秣馬厲兵的社會情境：要成立知識，必須先看看知識成立的條件是什麼；要成統一霸業，也必須先具備足夠的實力。康德哲學，雖然在此並非討論的重點，但是可以約略地說，它是一種面向未來的哲學。儘管「未來」或某種「理想」對它來說，仍然是遙不可及的，但是它已經在自己所能掌握的範圍內，開始準備要迎接這個未來了。

隨著日耳曼民族愈來愈盛的統一要求，德國哲學的風格也自然地向著攫獲未來而轉變。康德式的那種「準備迎接未來」的哲學，已經無法滿足德國人了，現在他們更需要的是把未來抓在手上，讓理想不再是個遙遠的夢，而成爲必定可以實現的「當然」。黑格爾的哲學無疑正是這種實現理想的哲學，他以細緻精密甚至略帶詭辯意味的論證方式，從當下最簡單的事物出發，而舖築出一條通往絕對精神的康莊坦途。任何人讀黑格爾，卽使不贊同他，但是多少也必定會對他那個論及全面的龐大體系表示欽佩。德國人所具有的「徹底性」(Gründlichkeit)，亦卽那種對凡事都窮其究理、把世界從開天闢地處說起的「嗜好」，在黑格爾身上可能是表現得最精彩的。而這種掌握全面的泱泱氣度，似乎也正是德國人在世界史上「後發先至」的根本憑藉。

德意志帝國的建立（一八七一），似乎標誌著黑格爾哲學的眞正實現。德國已不是蹲踞世界之外的一個抽象的存在了，它開始了資本主義化的歷程，而與英法一爭雄長。但是它的競爭者不僅僅是英法的資本家，而同時也是它本身內部的（或說，是資本主義內部的）無產階級。馬克思主義，正好就是無產階級運動的理論導師。

歷史是頗爲吊詭的：在最年輕的資本主義的土壤中，竟然因爲得到英國政治經濟學與法國烏托邦社會主義思想的灌溉，而培育出了集社會主義大成的馬克思主義，甚至體現成了歐洲社會民主運動主力的德國社會民主黨（SPD），以持續一個世紀的時間，在爲正義與公理而奮鬥。換言之，馬克思主義其實已經脫離了古典哲學的範疇：它不再是書生的空議論、不再是個別思想家頭腦的事業，反而，它把立足點從個人擴大到社會，把關心從「理」拉回到人的實際生活，甚至，把哲學家的任務從「解釋世界」轉成「改變世界」。如果康德的批判是在主體結構中找尋知識與道德的可能性條件，那麼，馬克思的批判毋寧就是在社會結構中探尋人性歸復的可能性條件；如果黑格爾的辯證是在從當下邁向未來，那麼馬克思的辯證毋寧是要從「人的史前史」邁向「現在」、邁向人的歷史。

雖然馬克思主義誓言消滅資本主義、消滅哲學，但是顯然這仍是個未竟的職志。在「實踐」這個戰場上左右正爭戰不已、勝負難分之際，在「理論」那邊，卻又因爲人類科學知識的進步而起了新的變化。隨著普朗克量子論、愛因斯坦相對論、海森堡新量子論等等的發明，科學勢須重新奠基。而這個重新奠基的工作，就由胡塞爾（Husserl）一肩挑起了。胡塞爾是以著名的「現象學還原」的方式，來爲一切科學重新奠定其在超驗主體上之基礎的。這種永遠「返回事物自身」的做法，似乎註定是不可能成功地爲科學奠下什麼基礎的，但是他對主體意義的強調，卻在當時納粹氣焰正盛的年代裏，爲人文主義的復興種下了根苗。

馬克思與胡塞爾在某個意義上是有著相同歷史命運的：他們那種爲人類找尋新起點的努力，都被後繼者所放棄了，取而代之的，是爲既有的現實尋找合理的基礎。馬克思的革命理論經過恩格斯到考茨基，就變成了等待資本主義的自行崩潰；而胡塞爾所強調的主體意義，在海德格（Heidegger）那裏卻被客觀化，而成了「存有」的自我展現：人不再是意義的根源，反而只是存有之安宅。第二國際無法駕馭戰爭，於是只好去適應戰爭；胡塞爾高聲警告歐洲文化的危機，而海德格卻支持納粹對人性的蹂躪。

可以說，德國哲學自康德以迄二次世界大戰的發展，是隨著德國資本主義發展過程而發展的，它與社會結構之間存在著一種緊密的聯結，而以最精密的形式表現了各個時期中的「時代精神」。另一方面，它的本身也是兩個主旋律交織而成的樂章：一是康德式的，準備迎接未來式的哲學；一是黑格爾式的，從當下掌握起的哲學。從康德到黑格爾，從黑格爾到馬克思，從馬克思到恩格斯，乃至反對科學主義（恩格斯大約可屬之）的胡塞爾，從胡塞爾到海德格，在在都是這兩種哲學風格的交迭演奏。誠如哈伯瑪斯（Habermas）所指出，康德式哲學始終是德國哲學中的猶太傳統。雖然在納粹失敗後，日耳曼與猶太之間的差異已被敉平，但是這並不表示這兩種哲學風格也已然統一。當哈伯瑪斯說「我們現在被迫在沒有猶太人的情況下，繼續去問猶太式問題」的時候，事實上也就說明了：康德式與黑格爾式的哲學，仍然是戰後德國哲學的兩條交織發展的主要線索。

二、批判理論與詮釋學

戰後的德國創造了經濟的奇蹟。隨著經濟的富裕，德國社會結構、意識當然也都跟著起了一定的變化。而在哲學這個領域中，最可注意的可能是兩點，一是德國哲學界已不再是「名家輩出」了。「思想家與詩人的國度」這個美名，似乎應該讓位給戰後經濟始終難有起色的法國，而德國人給自己戴上的新的冠冕，則是「企業家與工程師的國度」。相較於戰後法國各種思想派別如雨後春筍地冒起，令人眼花撩亂，德國的哲學界顯然沉靜得多。儘管法國當代哲學多是「Made in Germany」，但是「禮失而求諸野」似乎是德國目前哲學界的寫照。

第二個值得注意的現象是，德國哲學，甚至可以說整個西方哲學，其所關心的課題已較少是形上學與知識論的，而較多地是社會的了。本來，人們思考問題，就是為了解決問題。

當所思考的問題不是切身的問題，或是與切身問題只有間接關聯的時候，那麼這只說明了人們對實際生活的無力，因而只能遁入不切實際的世界裏尋找寄託。而現在，哲學從雲端的獨立王國回返現在，則正也說明了工業文明造成的人的或社會的問題的嚴重性與迫切性，以致哲學家必須勇敢地去面對、去思考。

從這兩個方面來看，則哈伯瑪斯無疑將成爲考察德國當代哲學時的焦點所在：一方面，他是德國目前少數廣爲國際知悉並且仍處思想活躍狀況的哲學家；另方面，他的關心焦點始終是現代人的處境，或者說，是現代社會的形構。

以哈伯瑪斯爲焦點，追溯各個輻湊的線索，則可以順利地揭開德國當代哲學的面貌。

第一條線索當然是「批判理論」或「法蘭克福學派」，因爲哈伯瑪斯一開始就是以批判理論的傳人的身分而出現在哲學舞臺的。

法蘭克福學派指的是一羣聚集在法蘭克福社會研究所之下的哲學家或新馬克思主義者。該研究所原是一九二〇年代一位富商之子所創立，一九二三年併入法蘭克福大學。初期的研究是以經濟社會史爲主，而當霍楷模（M. Horkheimer）自一九三〇年接掌研究所之後，哲學成了研究的主題。一九三三年，研究所爲躲避納粹迫害（研究所成員皆係猶太裔）而遷往美國紐約，直到戰後才又遷回法蘭克福。這段在美流亡的經驗，無疑是德國哲學的直接登陸美國。而研究所成員馬庫色（H. Marcuse）戰後繼續在美任教並以英文寫作，直接喚起了美國戰後新左派的誕生，這更使得社會研究所聲名大噪，引起全世界的注意。當然，眞正重要的並非這些外緣條件，而是社會研究所的「批判理論」直接觸及了現代社會的核心問題。

撇開研究所成員間的差異不論（那不是本文所可以容納的討論課題），法蘭克福學派無疑是以「解放」爲其根本關心的。這種對既存體制的質疑與反抗，也正是批判理論可以號稱爲新馬克思主義之處。但是有趣的是，在大多數批判理論家們的主要著作中，不僅很少像馬克思那樣以政治經濟學的角度來分析現代社會，甚至連馬克思的名字都甚少提及。批判理論的解放意含，已經不像古典馬克思主義那樣在於指明資本主義運作法則並且喚起普羅階級革命了，反而毋寧，是在強調現代工業社會以意識型態、思考模式或文化工業等等手段對人所施行的宰制，因而，從這種宰制中解放出來，就不是一個經濟範疇的事，而是意識型態領域的。

這種馬克思主義的轉向（從經濟領域轉向意識型態領域）並非一個突如其來的變革，而毋寧是第二國際瓦解與十月革命成功後，西方左派知識分子間普遍悲觀情緒的產物：資本主義始終沒有被紅色的幽靈嚇死，而共產主義在蘇聯的實現，也只是以一種專制取代另一種而已。「改變世界」顯得是一個吃力不討好的夢，於是遁入「解釋世界」的哲學中，就會是無力的知識分子最後的選擇。

現實社會扼殺了生活其中的人們的生活意義，使得有志者難伸其志，反而被迫向庸碌的凡夫俗子看齊，同渡平淡無聊的一生。這種意義的失落正是戰後工業社會中普遍的危機。當然，面對這個現象而思有以改變的，並不僅止批判理論而已。如果說，批判理論是以康德式的猶太傳統精神在面對現在，那麼，海德格與葛達瑪（H.-G. Gadamer）一脈的詮釋學（Hermeneutik）就是以黑格爾式的日耳曼精神，企圖在現世中「即事顯理」。舉例來說，如果面對同一件藝術作品，批判理論家會傾向將它放置在整個社會的脈絡中，來檢視它在多大的程度上體顯了社會對人的宰制，或是表現了人的主體性對外來壓制的反抗；而詮釋學家則會傾向去闡釋這件藝術品所含藏的意蘊，甚至說明它是以怎樣的方式而體現了存有。

葛達瑪哲學中具有核心地位的概念無疑是「成見」（Vorurteil）。儘管這個字無論在德語或中文裏都有某種負面意義，但是在葛達瑪哲學中它非僅不具這種負義，甚至具有某種優位性。簡短說來葛達瑪的意思是：我們的認知從來不是從零開始的，反而必定是以某些過去就已經形成的定見作爲基礎的。這些先於我們認知的，就是「成見」（或直譯爲「先事判斷」）；而認知就是作出一個命題或判斷，例如「這是一隻煙斗」之類，在此意義上，「成見」必是「先於認知」的）。例如，我們沒有人是從許許多多各式各樣造型的器具中去得出個「煙斗」的概念，從而作出「這是一隻煙斗」的判斷的；反而，當我們第一次看到一個木雕曲角的空心物的時候，我們就已經知道它叫作煙斗了，這個概念不是「我們」從具體的器物中抽象出來的，反而是「先於我們認知的」。這樣，「成見」不僅不是妨礙正確認知的東西（像一般生活用語中該字的意義那樣），反而是一切認知所不可或缺的前提。

從「成見」這個概念，葛達瑪進一步推出了對「傳統」與「權威」的尊重。顯而易見的：「成見」既是先於認知的，那麼它必是先於個人生命的，也就是由前一代甚或前幾代人所形成的。這個世代相承的歷史，就是「傳統」。與此相伴的，則是前代人的「權威」。如前所述，葛達瑪乃至德國當代哲學所面對的主要問題是「意義」的失落；而葛達瑪對此問題的回應，則是認爲：這種失落來自現代與傳統之斷裂：科技、工業文明、資本主義與傳統作了最徹底的決裂，而在這種決裂的同時，現代社會也就接受了科技來作爲社會運行的規範，其結果就必然是科技對人的宰制。葛達瑪試圖糾正這種科技至上的錯誤，而指出：任何認知（包括自然科學）都預設了「成見」和「傳統」、「權威」；自然科學和技術並不像表面上那樣「客觀」、那樣挑戰一切權威或反對一切傳統，反而它們也是一定成見之下的結果。既然知道一切認知都不可能擺脫成見、不可能切斷傳統，那麼，去要求擺脫成見或宣稱自己沒有成見，也就都是沒有意義的了。現在，重要的毋寧在於使我們自己搞清楚自己的成見所在，使我們知道自己在傳統中的位置。而這種「搞清楚」的工作，葛達瑪認爲只有在開放的「對話」中才可能完成：「在成功的對話中，對話之雙方都同受對象眞理之影響，因而彼此溶入一個新的共同關係之中」，並且在這個新的共同關係裏，我們都不再是原來的我們，而會有新的改變；也就是在此時，那種隨科技發展而隱沒的意義乃得以復甦。

雖然葛達瑪宣稱「權威無涉乎盲目服從」，但是顯然他對傳統的尊重是帶有一定保守性格的。如果把葛達瑪的哲學放進「康德／黑格爾」這個交織進行的脈絡裏，那麼它無疑是具有較濃厚黑格爾式的爲現有物提供合理基礎這樣的色彩的。而如果「康德／黑格爾」或「猶太／日耳曼」確如哈伯瑪斯所說是個必然的「歷史諷刺」，那麼，似乎無待對德國當代哲學有比較具體的認識，我們就已經可以大膽地預測：葛達瑪的哲學必定會遭逢某種康德式的詰難了。

事實也的確如此。一九六七年哈伯瑪斯在他的《論社會科學的邏輯》(*Zur Logik der Sozialwissenschaften*) 中開啓了批判理論與詮釋學之間的爭論。爭論的焦點就在「傳統」這個問題上。

哈伯瑪斯認爲，葛達瑪過分強調了傳統，而忽略了傳統中所包含的宰制關係。簡單地說，在葛達瑪看來，一切的認知都是受傳統所制約的，而要達成眞實的理解，就並不是要否定傳統，而是要與傳統對話。但是如果傳統本身就包含著權力宰制的關係，也就是說，那個我們據之以認識眞理的東西，它本身卻是某種被扭曲的、不眞實的東西——如果是這樣，那麼，傳統本身就必須首先被批判，而不能據之以來認知眞理。如果用煙斗爲例來說明，那麼或許可以這麼說：我們對煙斗的理解來自某一個傳統，但是如果在這個傳統裏，煙斗是權力的象徵，也就是只有有權力的人才有資格吸煙斗，那麼，如果我們不去反省這層關係，而驟然將煙斗給理解成某種具有權威性、或是與特權相聯繫在一起的東西，我們的這個理解就會是失眞的。因此，爲了獲得眞正的「眞」，就不能止步於指出認知所受到的成見或傳統的制約，尚必須進一步進行「意識型態批判」；不能止步於單純的對話，還必須有一個理想的、無扭曲的對話情境來對照出現實中的對話是如何被扭曲的。

誠如呂格爾（P. Ricoeur）所指出的：「在這裏，顯然是個康德式的強調；規約性的觀念（regulative idea）是問應然而非實然的，是預測而非回憶的」。哈伯瑪斯「理想交談情境」的建立，並不是要爲未來社會（理想社會）描繪一個藍圖，而是要爲意識型態的批判奠立一個規範性基礎，以免意識型態批判的本身也淪爲另一種意識型態——「理想交談情境」在哈伯瑪斯體系中的地位，幾乎與「觀念」在康德知識論中的地位是完全一致的。當然，從葛達瑪看來，這種「免於意識型態」的努力多少是白費的，因爲既然任何認知都只能是受成見規約的，那麼「理想交談情境」作爲人所構思出來的東西，並不能在質上有異於意識型態。但是既然葛達瑪也要求在對話中使意義展現，使對話的參與者達成新的一體關係，那麼，關於「合理」之規範就是個必不可少的要求。哈伯瑪斯這種對於普遍規範的要求，也正是他可以作爲「當代馬克思」（吉丁斯〔Giddens〕語）之所在。

三、哈伯瑪斯與魯曼

哈伯瑪斯早年確實是以法蘭克福學派——這個新馬克思主義重鎭——第二代主將的角色而聞名的。當他於一九六四年接替霍楷模的哲學與社會學教席的時候，左派青年無不冀望他能開啓馬克思主義的新時代。但是，法蘭克福學派第一代羣雄本來就已經少在詮釋馬克思了，哈伯瑪斯走得似乎更遠，他試圖「重建」馬克思的歷史唯物主義。所謂重建，並不是依照馬克思自己的邏輯來貫穿新的內容資料，而毋寧是以新的問題脈絡來重新組織起歷史唯物主義的理論。

「重建」所依據的主要線索是「勞動／互動」的區分。衆所周知，馬克思把資本主義社會給把握成一個以「資本／勞動」的對立作爲主要原則而建構成的社會，而社會中之所以會有這種對立，來源於「勞動」與「勞動產品」的分離：只有當勞動產品脫離於勞動之外的時候，勞動產品才會被不勞動的人（資本家）據爲己有。進一步，勞動與勞動產品之所以會分離，又來源於「勞動」的本身就被分裂了：一方面是勞動者的肉體生存，一方面是他的勞動行動，並且勞動行動（顚倒地）變成了維持肉體生存的工具。肉體生存與勞動行動的分裂乃至其間關係的倒轉，意味了勞動者把勞動力出賣給別人（資本家），而只把肉體生存留給自己。這種「勞動」本身的分裂（所謂「異化勞動」entfremdete Arbeit），在馬克思看來，正是資本主義社會所得以成立的最根本基礎所在。

但是哈伯瑪斯並不同意這個馬克思主義的出發點，反而，他認爲這種把「關係」（資本／勞動的生產關係）化約到「行動」上的做法正是馬克思主義的問題所在。哈伯瑪斯認爲，「馬克思並沒有眞正揭示勞動與互動之間的相互關係，反而，只是在社會實踐這個不清楚的名義下把兩者給化約掉了，質言之，把溝通行動給化約成了工具行動」。在嚴格區分勞動與互動的基礎上，哈伯瑪斯恢復了許多原本被馬克思統一起來的各種對立關係，諸如「主體——客體／主體——主體」、「自然科學／精神科學」或「生產力（下層建築）／生產關係（上層建築）」等等。這些對立關係的恢復，在現實上是有其某程度的革命意義的。如前所述，當代社會由於科技的發展而造成了意義的喪失，自然科學到處都成爲了唯一的眞理；藉著科學，人不僅沒有從人對人的宰制進步到人對物的宰制，反而，是墮落到了被物宰制。

在此情況下，恢復人對物的關係（主客關係）與人對人的關係（相互主體關係）兩者間的相互獨立，乃顯得迫切而必要。與葛達瑪頗爲類似地，哈伯瑪斯用「興趣」來相對化了自然科學的優越地位：有兩種主要的科學型態：實證科學與歷史詮釋科學；這兩種科學分別是由兩種興趣所建構出來的：技術控制興趣（主──客）建構了實證科學，實踐興趣（主──主）建構了歷史詮釋科學。但是，如前所述，哈伯瑪斯並不滿足於僅僅取消自然科學作爲唯一眞理的這種地位，他更且要求主體在建構科學的時候，這個主體必須是眞實的、擺脫意識型態的。這種自我反省、自我批判的工作，哈伯瑪斯認爲，就是批判理論的職責了；而批判理論作爲一種知識，本身也是由一種興趣所建構的：那就是解放的興趣。

這樣，單從用語上就看得出來，在哈伯瑪斯的思想中，「解放」僅只是相互主體關係這個領域的事業，或者說是意指著把相互主體關係從主客關係中給解放出來。哈伯瑪斯的社會主義並不是社會作爲有計劃地組織起來的個人重新去佔有整個社會的生產工具（像馬克思所主張的那樣），而是在排除生產領域（主──客領域）的干擾之下，重新建立一個由相互理性溝通所建構的相互主體的世界：「在社會主義裏，人也必然要生活在一個經濟系統之中、一個正像部分系統一樣來運作的、一個分裂於政治脈絡之外的系統。但是它不會讓這個客觀的、隱密的、破壞性的力量來對抗由溝通所建構起來的生活情境」。因此，哈伯瑪斯所關注的焦點，就在於溝通，或者更確切地說，在於爲溝通提供出一個規範基礎。

也就是在這個相互主體關係的問題上，哈伯瑪斯於一九七〇年前後對德國功能結構論大將魯曼（N. Luhmann）提出了挑戰。他們的論戰文字於一九七一年集結出版：《社會理論或社會技術：什麼導致了系統研究？》（*Theorie der Gesellschaft oder Sozialtechnologie–Was leistet die Syetemforschung?*）。

魯曼的系統理論是極爲哲學化的。他的哲學大率依於黑格爾、韋伯與海德格一路。雖然同爲結構功能論，但是魯曼認爲帕深思（T. Parsons）的普遍行動理論並不能成功地作爲一種社會系統理論。魯曼本人企圖將社會系統理論奠基於人的主觀「意義」（Sinn）上：人可以有選擇性地去認知世界的某些部分（而非全部），這些認識進一步卽構成了一些意義系統。而由於這些意義系統是某些選擇性認識所建立起來的，所以也就意味著：有許多可能的意義系統被排除了，而所建立的，也是特殊的意義系統。隨著社會的愈趨複雜，角色也愈趨分化而相互關聯，但是由於人所能認識與掌握的只是部分，於是他就愈來愈難以掌握他的角色，從而也愈來愈難以措其手足。在這個情況下，社會中的「合法性」就只能由官僚作出決策而經人民同意這樣一種正當程序才能產生出來，至於人民的各種不同意見，則在合法性的問題上是無足輕重的。魯曼在他的《程序造就合法性》（*Legitimation durch Verfahren*）中說：「沒有人有地位去爲所有決策提出充分足以服人的辯解。那種由說服來建立合法性的想法，忽略了主體極度複雜多變性及其矛盾的本質，也沒有了解到：決策在現代社會中是必須在行政體系中來完成的。現代社會的複雜性需要有普遍化的對決策的接受，但是這種接受並不出於基於善良動機的說服，而更多地是出於無動機的並且免受個別個人特質影響的一種單純的接受」。

這種合法性概念正是哈伯瑪斯所欲責難的。哈伯瑪斯認爲，平等的理性的溝通才是唯一合法性的來源，而魯曼的這種以程序來確立合法性的想法，則只是「社會技術」，它完全扼殺了民主化的可能。哈伯瑪斯認爲，魯曼並不以理性的個人當作合法性的根源，反而承認一切其他諸如社會系統效率的東西來作爲合法性根源。

但是對魯曼來說，哈伯瑪斯那種奠基於理性溝通上的合法性根本是個迷思。在現代社會中，這種溝通是完全不符實際的。哈伯瑪斯對問題的思考方式，根源於「合法性問題尚不顯著的時代」，也就是十九世紀甚或更早的啓蒙時代。魯曼本人，則希望能以完全不同於這種傳統的個人理性觀點的功能結構系統理論，適應現代社會的需要，來解決現代社會中特殊而迫切待解決的各種危機與衝突問題。

「康德／黑格爾」的線索在這裏仍然是清楚的：哈伯瑪斯企圖爲社會生活奠立一個理想

的規範；魯曼則爲現實中官僚決策提供合理說詞。一個想拉開理想與現實的距離；一個則努力在現實中體現理想。

四、未來·代結語

雖然哈伯瑪斯可以很好地被當作理解德國當代哲學的切入點，但是這並不表示他是德國當代唯一大師。從前面應已可看出：哈伯瑪斯與葛達瑪、與魯曼的辯論，並沒有優勝劣敗之明顯結果。事實上，德國當代哲學也並不存在一種主流意見：康德、黑格爾這種據主導地位的哲學家已是無可復現的歷史陳跡了，而這多少是和德國戰後經濟的益趨社會化和政治的益趨民主化相互適應的。哲學思想本來就是人們對於他們自己所處身的世界所作的思考和理解，因此世界怎麼改變，哲學思想的內容也就或多或少地會有相應的改變。但是思想並非單純的由外在世界反映而成的東西，反而，它同時也是對世界的一種干涉、一種參與以及一種改變。人對世界（無論自然世界或人文世界）思考得愈詳盡，人對世界的關係就愈是有意識的，從而自主、自由的。世界本身會不斷改變，因而會不斷向人類提出新的問題。如果一個社會不能去思考這些問題，那麼它的發展就要被世界本身的變化所牽著走，它就不能是一個自由的、人的社會。但是一個社會如果能夠去思考，那麼它就一定可以去掌握世界的變化，從而駕馭世界，使它符合人類的需要。

現在，德國的現實正在向德國人提出新的問題。隨著冷戰體系的結束，德國重新統一了。但是兩個全然不同的體制驟然拼湊在一起，它所造成的問題顯然是巨大的。面對這些巨大的問題，不僅德國的政治家和企業家，甚至德國的哲學家們，都必須慎重而仔細地解決。另一方面，德國統一也恢復了德國的主權。如果德國戰後哲學的「單薄」可以看作是德國民族在主權上受壓抑的結果（有趣的是：法國強調獨立自主，「於是」（？）它戰後的思想界活潑熱鬧），那麼，主權的恢復或許正是德國哲學再出發的信號。

統一的德國，宜乎再有一個如黑格爾般雄偉的哲學體系——儘管或許不再可能是由「一位」作出的，而是由集體的智慧勠力以成的。

當代德國文學

鍾滙涓

一、什麽叫「零點」？

一九四五年五月八日，對於歐洲乃至整個世界而言，都是非同尋常的歷史性的一天。這一天，四面楚歌的希特勒法西斯極權政府不得不放下屠刀，向盟軍無條件投降，從而結束了歐洲這場歷時六載的混戰。德意志千年帝國的美夢終於煙消火滅了。

當轟炸機的隆隆聲消逝之後，人們捂著正在淌血的傷口，心驚膽顫地從瓦礫堆中站起來，呈現在眼前的是一片瀰漫著硝煙的破碎河山！在德意志這塊戰爭策源地上，四分之一的樓房被夷爲平地，首都柏林，大城市如漢堡、科隆和慕尼黑更是損失慘重，半數以上的住宅毀於一旦，所到之處彈痕遍地，瘡痍滿目。死者已付出了生命的代價，生者卻正面臨著飢餓、疾病、幻滅後的迷茫、空虛與絕望的挑戰！像「崩潰」、「災難」、「深淵」這些耳熟能詳的詞彙恰當而又形象地概括了當時德國物質與精神方面的狀態。

壞到了極點，正是一切重新開始的時候。這就是所謂「零點」(Stunde Null)。不僅物質需要重建，精神方面也需要重建。正是在這種情況下，一羣年輕作家決心同過去徹底決裂，毫不憐惜地要把傳統文化統統扔掉，用新的語言寫作，重新思考一切，評估一切。

然而，人們眞的能夠斬斷同過去千絲萬縷的聯繫嗎？這便是加在「零點」後面的一個問號。

二、三類作家

德國是一個詩人和思想家輩出的國度。令人困惑的是：在歌德和席勒的故鄉怎麼會出現滅絕人性的集中營呢？德國人的思想和行爲方式是否有問題？如何改進？人們殷切期待德國文學能夠擔當起這一重任，起好潛移默化的作用。作家的功用也因此而被提到前所未有的高度。

當時，根據作家不同的背景和遭遇，大致可以分成如下三類：

1. 流亡作家

一九三三年希特勒當政之後，不少知名作家紛紛離開德國和德語地區，開始了顛沛流離的流亡生涯。其中有諾貝爾文學獎得主托馬斯・曼（Thomas Mann）和黑爾曼・黑塞（Hermann Hesse），還有亨利希・曼（Heinrich Mann），德布林（Alfred Döblin），穆西爾（Robert Musil），楚克邁爾（Carl Zuckmayer），安娜・西格斯（Anna Seghers）和布萊希特（Bertolt Brecht）等。他們戰後又回到了故鄉，有的去了蘇佔區即後來的東德，也有的到了西佔區即後來的西德。抵達西佔區的作家們起先並不受歡迎，他們的作品當時也少有人問津。

西格斯的《第七個十字架》（*Das siebte Kreuz*, 1942），黑塞的《玻璃珠球戲》（*Das Glasperlenspiel*, 1943），楚克邁爾的《魔鬼將軍》（*Des Teufels General*, 1946）以及托馬斯・曼的《浮士德博士》（*Doktor Faustus*, 1947）均是出自流亡作家羣的大手筆。

2. 「內在流亡」

這一部分作家雖然不贊同納粹的主張，但自始至終留在希特勒德國，直到戰爭結束。他們既是德國內部的又是內心的自我放逐者，因此有「內在流亡」者之稱。他們寫了不少以歷史爲素材的長篇小說例如貝根格律恩（Werner Bergengruen）的《大暴君與法庭》（一九三五），他們較爲偏愛傳統的寫作技巧，對戰後文學的發展仍具有相當的影響力。

上述兩類作家的作品跟古希臘羅馬、歐洲基督教、人文主義以及德國古典主義的傳統文化和價值觀是一脈相承的。

3.「年輕一代」

新一代作家多數經歷了戰爭血與火的洗禮，各自有著不平凡的遭際。戰後，他們馬上就投入文學創作活動，描述自己親身的經歷，傾吐心中的塊壘。與前面兩個作家羣相比，他們自我意識強烈，血氣方剛，在藝術上勇於探索，較少留戀傳統，堪稱德國文壇的後起之秀。「年輕一代」作家中最具代表性的要數亨利希・伯爾（Heinrich Böll）和沃爾夫岡・博歇爾特（Wolfgang Borchert）。他們的短篇佳作不僅在戰後初期擁有廣泛的讀者，而且還被編入教科書，成爲學生的必讀物。

三、作家社團「四七社」

「四七社」（Gruppe 47）是一九四七年形成的作家社團，對當代德國文學的發展作出了重要的貢獻。

它是從一份名叫《呼喚》（*Der Ruf*）的雜誌脫胎而來。停戰前夕，左翼作家兼記者里希特（Hans Werner Richter）與安德施（Alfred Andersch）在美國戰俘營合辦《呼喚》刊物，旨在對那些受了納粹欺騙的戰俘進行再教育，向他們宣傳民主思想。一九四六年該刊物在慕尼黑獲准發行。嗣後，它的批評觸鬚便伸向美、英、法、蘇佔領軍，因而有被查禁的危險。一九四七年九月十日，里希特召集他的伙伴們以及年輕作家們開會，有意創辦文學刊物。「四七社」就這樣誕生了！

原則上講，「四七社」不能算一個正式組織，它既沒有綱領，又不設理事會。每年作家們聚會一次，朗讀自己的作品，讓與會者品評。一些無名的初試者常常會在作品朗誦會上脫穎而出，這對敢於探索、尋找突破的青年作者無疑是個千載難逢的良機。從一九四七年至一九六七年，共有二〇四位用德語寫作的作家參加了「四七社」的聚會。

「四七社」的核心作家爲：艾希（Günter Eich）、施努爾（Wolfdietrich Schnurre），艾興格爾（Ilse Aichinger）、巴赫曼（Ingeborg Bachmann）、伯爾、倫茨（Siegfried Lenz）、格拉斯（Günter Grass）、恩策斯貝格（H.M. Enzensberger）、瓦爾澤（Martin Walser）等。

四、「廢墟文學」、「返鄉者文學」

一看便知，所謂「廢墟文學」（Trümmerliteratur）和「返鄉者文學」（Heimkehrer literatur）是根據作品的內容、題材來進行歸類的。戰後初期，一大批短篇小說、廣播劇、詩歌相繼問世，它們的題目不外是戰爭、死亡、破碎的家園、被遣送返鄉的士兵、飢餓、絕望和困惑等等。「廢墟」和「返鄉」這兩個概念集中概括了這一時期的文學傾向。

年輕一代作家雖不屑於繼承傳統，但自覺或不自覺地受到美國作家海明威、福克納等人的影響。他們偏愛簡潔明瞭的現實主義文風，崇尚寫實，反對爲藝術而藝術。有的作家甚至認爲：美卽是善，美而不眞卽惡，眞而不美則更佳。當時不少作品追求的正是這樣一種境界。不僅題材切近現實生活，而且文風也一反傳統模式，給人耳目一新的感覺。句子越寫越短，簡單到不能再簡單，形容詞能省則省，不求美，但求眞。於是一種新的語言產生了，樸實無華，宛如一棵樹，被砍掉了花、葉、枝，只留下光禿禿的樹幹。

下面引用艾希（一九〇七—一九七二）戰後在美軍戰俘營裏作的一首題爲〈清單〉(Inventur)的詩，從中可以窺豹一斑。

這是我的便帽，
這是我的大衣，
這兒是我的刮鬍刀
在亞麻布兜裏。

食品空罐頭——
我的盤子，我的杯子，
我在這白鐵皮上
刻進我的名字。
……

這首詩的語言省儉已極，平實而幾近單調，但它恰如其分地刻劃出一個刼後餘生的戰俘清點身邊所有時的情狀，略有一絲蒼涼，但絕無悲哀。失去的都已失去，留下來屬於自己的這一點東西彌足珍貴。清點物品等於給過去標上句號，新的起始也就蘊含其中了。

博歇爾特（一九二一—一九四七）是一位命運坎坷的青年作家，光他的生平就足以寫成一本傳奇。前線當兵期間，曾因反戰嫌疑而數次上軍事法庭。戰火一停，他便逃離了法軍戰俘營，拖著病殘的身軀徒步六百公里，回到他的故鄉漢堡。一九四七年十一月二十一日，他辭世後第一天，他的劇作《大門外面》（*Draußen vor der Tür*）在漢堡首演，立即引起轟動。

這個劇本講的是一個士兵返鄉卻又無家可歸的淒涼故事。主人翁貝克曼從蘇聯歸來，不料他的床已被另一個男人佔據，他暌隔多年的妻對他也冷若冰霜。明明已到了家門口，卻又被無情地拋到了陰冷的大街上，四處流浪……

貝克曼是那個特定時代的典型人物，他的遭遇堪稱千萬個歸家或未能歸家的士兵的一個縮影。作者本人是個和平主義者，他這部作品的主題是反戰的，是對罪惡的戰爭的哭訴！另外，劇本中有長篇內心獨白；比喻和擬人法也用得相當多，甚至還相當露骨。除《大門外面》，博歇爾特還在他短短的生命歷程中寫了不少膾炙人口的短篇小說。

五、策蘭和〈死亡賦格曲〉

五十年代初，詩人保羅・策蘭（Paul Celan, 1920-1970）紅極一時。不幸的是，猶太血統給他和他一家蒙上了一層悲劇色彩。他的雙親慘死於奧斯威辛集中營，他自己也一度遭到監禁，戰後加入法國籍。七十年代這位極度厭世的詩人終於自殺。

策蘭一生中寫過不少題材與風格迥異的作品，有描寫第二次世界大戰期間猶太人命運以及他自己親身經歷的，也有表達愛情、做文字遊戲的。他的創作深受法國象徵主義和超現實主義流派的影響，但無論是詩歌的語言、主題、意象，還是色彩都顯示出他獨特的個性和天才。他苦痛的呻吟表達了他那一代人的困惑、疑慮和厭世的情緒。

〈死亡賦格曲〉（*Todesfuge*）是他的代表作品，發表於《罌粟與回憶》（一九五二）這本詩集裏。

清晨的黑牛奶我們深夜喝
我們中午喝死神是來自德國的大師
我們晚上喝早上喝我們喝我們喝
死神是來自德國的大師他的眼睛碧藍
他用鉛彈打中你他打得很準
一個男人住在屋裏你的金髮呀瑪格蕾特
他驅趕獵狗咬我們他送給我們空中墳墓
他要蛇他做夢死神是來自德國的大師

你的金髮呀瑪格蕾特
你的灰髮呀蘇拉米特

〈死亡賦格曲〉（最後兩段）

倘使讀者對一九三三年以後的德國歷史有所了解的話，也許就不難讀懂這首詩了。

按照西洋習慣，「黑」象徵死亡，是死亡之色。相反，牛奶卻是白色的，是生命的養料。「清晨的黑牛奶我們深夜喝」，把兩件寓意不同的東西放在一起，於是就形成了十分強烈的對比，構成了死與生的矛盾的對立。這種對立不僅現實存在，而且還自古有之。詩中「清晨」一詞從上下文看似乎指的是一天中早上這個時間，但它同時含有「早期」的意思，把它放到歷史的層次上看，那指的就是古代了。從古至今，生生死死永遠是人類面對的一個問題，一個解不開的結。

那個住在屋裏的「男人」，無疑是指納粹集中營裏的軍官，作惡多端的劊子手：「他要蛇」，「他用鉛彈打中你」，「他驅趕獵狗咬我們他送給我們空中墳墓」。而「你」與「我們」指的是蒙難的猶太人。「金髮」、「碧眼」，那是納粹引以爲榮的雅利安人的外貌特徵。「瑪格蕾特」和「蘇拉米特」分別爲德國女人和猶太女人的名字。「蘇拉米特」的灰髮使人聯想到骨灰、死亡。這一「金」一「灰」一生一死把希特勒德國的種族主義政策以及猶太人的悲慘命運象徵性地、曲折地揭示出來了。「空中墳墓」給人的聯想是集中營殺人如麻，屍骸遍野，已無葬身之地；焚燒後的屍體化煙升天，葬於空中。詩人在這裏並沒有誇張，那是噩夢一般的史實！

〈死亡賦格曲〉明顯的特點是沒有標點符號斷句，一氣呵成，猶如流水，一瀉到底。賦格曲是一種音樂形式，母題在變異中反覆，巴赫曾經將這種音樂形式發展到臻善臻美的境界。這首詩的前三行在詩中反覆出現，表現出一種不可遏止的運動和無可奈何的蒼涼，這是詩人用音樂形式寫詩的一種嘗試。一些評論家曾經對此提出過異議，認爲詩與音樂這種形式斷乎不適合描寫殺人場。

六、亨利希・伯爾

在當代德國文學園裏，有兩位享有盛名的小說家，一位是亨利希・伯爾，另一位叫君特・格拉斯。前者爲一九七二年度諾貝爾文學獎得主，曾任國際筆會主席，已於一九八五年去世；後者則多次被提名爲諾貝爾文學獎候選人，是當今德國文壇泰山北斗式的人物。他們兩位的聲譽久已超越國界。

伯爾於一九一七年生於科隆，第二次世界大戰中當過兵，被俘後又獲釋。戰後初期，他的創作激情大部分傾注在短篇小說上，出版了《列車準點到達》（一九四九）、《行路人，請到斯巴……》（一九五〇）等短篇小說集，贏得讀者青睞。短篇小說因其篇幅短小、形式多樣之特點正迎合了時間不夠的現代人的胃口，它們往往無頭無尾，結構開放，宛如生活中撕下來的一頁。

五十年代，伯爾發表了《亞當，你到過哪裏？》（一九五一）、《一言不發》（一九五三）等長篇小說，從而奠定了他在聯邦德國文壇上的地位。這個時期的作品重點寫戰爭、戰爭造成的後果，以及小人物的悲歡。善於描寫「小人物」的困境，是這位無情的倫理家的一大特點。

伯爾的小說很有個性，視角獨特，筆法新鮮別致。他想借助語言去透視事物的內核。他總以不容情的眼光觀察人情世態，很不放心地注視著德國戰後的發展導向，不斷諷刺、批判德國人的根性，他們的保守、偏狹、傲慢、貪婪以及盲目的拚命精神。讀他五十年代寫的雜文體小說，彷彿能聽見埋在字裏行間的竊笑聲。有人因此視伯爾爲批判現實作家，而忽略了他作品的深層結構。伯爾認爲，現實是作家寫作需要的素材，關鍵是語言表達能力和描寫衝突的能力。

伯爾是一位無政府主義者，反對一切凌駕於人之上的官僚統治體系。同時他又是一個虔誠的基督教徒，一個道德鼓吹者，儘管他對世俗教會的抨擊毫不含糊。他對小人物有深切的同情心，常能在他的小說中體會到那樣一種平民式的溫馨氣氛和牧歌式的安逸境界。

一九五九年長篇小說《九點半鐘的臺球》(*Billard um halb zehn*) 問世，標誌著伯爾創作上的轉折。這一年堪稱長篇小說豐收年，格拉斯推出《鐵皮鼓》，約翰遜（Uwe Johnson）發表《對雅各布的種種揣測》，次年馬丁・瓦爾澤的《半局》也問世。這些小說相繼被譯成多種文字，稱之爲「德國新小說」，從而將它們跟十九世紀的傳統小說區分開來。之前，西德文學界正喋喋不休地討論著長篇小說的危機問題。

《九點半鐘的臺球》發表後，讀者反響熱烈，批評界褒貶不一。這部小說跟伯爾的前期作品風格不一樣，引進了諸多現代小說技法。時空被打亂，小說敍述時間濃縮在一天之內，而牽涉到的歷史時間卻長達半個世紀之久。通過人物的回憶、聯想和內心獨白折射出一個動盪不寧的時代：德意志帝國，魏瑪共和國，希特勒德國以及聯邦德國。

小說描寫建築師費默爾一家三代人的境遇。他們跟聖安東教堂有著不解之緣：一九〇八年該教堂由祖父設計營造，一九四五年被兒子親手炸毀，最終又將由孫子重建。作者藉回顧歷史來分析和批判現實。

伯爾不愧爲政治嗅覺敏銳的作家，他的文學作品常被視作時代風雲變幻的一面鏡子。他的後期作品更趨成熟，其中《小丑之見》（*Ansichten eines Clowns*, 1963）、《同一位女士的合影》（*Gruppenbild mit Dame*, 1971）是公認的代表作品。

這兩部小說的男女主人翁都屬於那種與社會格格不入的局外人，他們不屑於按照社會常規處世度日。前者更多地表現在對環境的抗爭上，而後者則體現了一種烏托邦式的理想——羣體生活模式。兩本書包含了人類生存的基本要素：衣食住行、鄉里鄉情、金錢、愛情、宗教等。《小丑之見》供給讀者較少獨立思考的餘地，《合影》則留下了較多想像的空間。

一九七四年問世的《失去了名譽的卡塔琳娜・布盧姆》是對新聞界的一次挑戰，引起強烈反響。伯爾的關門小說是《河邊風光前的女人》（一九八五）。他的去世使當代德國文學界失去一顆巨星，同時也使讀者失去了一位好心眼的老人。伯爾作品的另一特點是語言的簡樸。這一特點使其作品易於譯成外文，他的國際成就也應與此不無關係。

七、君特・格拉斯

曾獲多種文學獎的君特・格拉斯一九二七年誕生在但澤市（今屬於波蘭），目前定居柏林。

格拉斯同伯爾有相似之處，他們都不是那一種躲在象牙塔裏閉門造車的作家，他們的筆尖都生刺，批判現實毫不留情。有一陣子，格拉斯甚至到大街上演講，為社會民主黨拉選票，其參與意識之強可見一斑。在文學創作上，他似乎更加喜歡編故事，不惜觸犯禁區，語言詼諧幽默，以致捧他的人說他比伯爾棋高一着。

《鐵皮鼓》（*Die Blechtrommel*, 1959）可以說是格拉斯最成功也最有爭議的長篇小說。它使用倒敍手法：年屆而立的主人翁奧斯卡，因謀殺嫌疑住進一所精神病療養院，追敍他的成長過程以及傳奇式經歷。

一九二四年小奧斯卡出生於但澤市一個小市民家庭。三歲生日時，母親送給他一只鐵皮鼓，從此他便跟這只玩具結下不解之緣。生日那天，他故意失足掉進地窖裏，並決定不再長高。那只鐵皮鼓成了他形影不離的夥伴和遠離成人世界、喚醒舊事的道具。此外，奧斯卡還有一樁特異本領，只要他尖叫一聲，玻璃器皿就會被震得粉碎。他利用叫聲和鼓聲自衞，向成人抗議。第二次世界大戰結束之後，他逃往西方，並決定開始長高，不久又後悔莫迭。他嘗試著到社會上做各種各樣的事，還攜著鐵皮鼓巡廻演出，並由此而致富。住院待審期間，他暗暗希望自己不要獲釋，可以躲在裏面寫回憶，遠遠地離開他所不喜歡的世界。

這部小說的視角比較獨特，主人翁奧斯卡是用一個不肯成長的大小孩的目光窺視人世，因此透過他的目光呈現於讀者面前的便是一個變了形的荒唐世界。奧斯卡從三十年代步入五十年代，目睹了法西斯主義的興盛，德國對波蘭的突然襲擊，法西斯的滅亡，戰後貨幣改革，經濟起飛……。書中對小市民環境的描寫相當生動而辛辣，在格拉斯看來，這種小市民環境從某種意義上講是法西斯主義生長的溫床。相反，伯爾卻始終戀戀於小市民式的牧歌情調，甚至還把它寫得相當有人情味。但是兩位小說家也有共識，他們都敏銳地指出：西德人戰後忙於重建家園，創造經濟奇蹟，因此有意無意地忽略了對歷史的清算，缺少痛定思痛式的反省。在《鐵皮鼓》中，格拉斯對此也大加嘲弄挖苦了一番。

小說出版之後，一度引起誹議，焦點是觸犯了習俗等禁忌。小奧斯卡親眼目睹母親跟她的表兄勾搭、通姦，因此確定他不是他父親的兒子。他還跟他父親共佔一個女人——他的繼母，並且一口咬定繼母所生的兒子不是他的弟弟，而是他的兒子。諸如此類，作者赤裸裸或提示性或用玩世的口吻描寫性愛場景與細節，觸犯了宗教、道德、社會習俗方面的禁忌，惹惱了正統人士，被斥之爲傷風敗俗，厚顏無恥。

一九七九年，該小說被拍成電影，榮獲金棕櫚和奧斯卡外國片獎。

繼《鐵皮鼓》之後，一九六三年又出版了格拉斯兩部長篇《貓與鼠》和《狗的歲月》，統稱「但澤三部曲」。格拉斯不僅寫詩弄文，繪畫雕刻，而且喜歡周遊世界，見多識廣，表現在他作品中的機智幽默常令讀者傾倒。一九七七年問世的長篇小說《比目魚》(*Der Butt*)講當今西方女權運動的問題。作者巧妙地將童話、歷史和現實串聯起來，烘托比照，再現了婦女在人類歷史發展過程中所扮演的角色。此外，他還著有《蝸牛日記》（一九七二）、《母老鼠》（一九八六）、《死亡的樹木》（一九九〇）等。他的全部作品都是描寫我們時代所關心的問題。

八、繽紛的戲劇舞臺（敘事劇、寓意劇、悲喜劇）

戲劇是一種綜合性藝術，爲大衆所喜聞樂見。德國戰後的戲劇舞臺流派紛呈，熱鬧非凡。一時間優秀劇作相繼問世、上演，很多被改變成廣播劇，在電臺播出，影響深廣。限於篇幅，這裏僅向讀者介紹三位國際級戲劇大師及其名作。

1.布萊希特

一八九八年，他誕生於德國南方一個生活條件優裕的企業主家庭，後來卻成爲馬克思主義的信徒，中國古典哲學的愛好者。二十出頭開始寫作，早期作品帶有表現主義風格。一九二二年《夜半鼓聲》在慕尼黑首演成功，不久便獲得令人企羨的克萊斯特獎。數年之後，《三分錢歌劇》又爲他贏得空前的聲譽。從此，布氏一步一步走上實踐他自己戲劇理論的道路。

納粹執政之後，他不得不流亡異鄉，大部分名作就是在那個時期完成的。一九四九年回到東柏林，同他太太（女演員海倫娜・魏格爾）一起創辦了名聞遐邇的「柏林戲院」。他又是作者又是導演，並讓他太太在戲中扮演主角，得以充分施展他的藝術抱負。直到一九五六年臨終他一直居住東柏林，手中卻握有一本外國護照，足見他精明細心過人。東德官方對他始終存有戒心。

布氏把敍事者和陌生化技巧（又譯：間離技巧）引入戲劇藝術，突破了歐洲傳統戲劇的框框，爲現代戲劇的發展開拓了新路。他的後期作品稱爲敍事劇（又譯：史詩劇），特點是：開場之前先打出字幕，簡單介紹劇情；場與場之間揷入朗誦詞和唱詞，意在不讓觀衆沉迷劇情，產生幻覺而失去分析思考的能力。這就是所謂陌生化效果。演員跟他扮演的角色之間也應保持一定距離，不能太忘情，演得太過火，不能忘了坐在戲臺前面的觀衆，要大膽推倒所謂的「第四堵牆」。另外，舞臺布景、表演動作可以寫意化。

布氏這一陌生化理論部分是受了中國戲曲表演藝術的啓發。三十年代他看了梅蘭芳的表演，從中發現了連中國人自己都不知道的陌生化效果，眞正是「仁者見仁，智者見智」。劇本《高加索灰闌記》（一九四五）中眞假母親爭奪孩子的故事也是從中國元朝雜劇家李行道那兒拿來的，但作者賦予了它新的意義。

布萊希特的戲劇創作多數取材於歷史與傳說。例如《膽大媽媽和她的孩子們》（*Mutter Courage und ihre Kinder*, 1939）講的是十七世紀歐洲三十年戰爭期間發生的事：膽大媽媽以爲戰爭會給她帶來好處，趁著兵荒馬亂，拉起一輛貨車，舉家外出做買賣，結果事與願違，賠了兒女又吃不飽飯。末了剩下膽大媽媽孤零零一個人，但她並無悔意，跌跌撞撞拉起那輛破車朝槍林彈雨中走去。從這裏我們可以體會作者的一番苦心，他想讓觀衆從膽大媽媽的執迷不悟中醒悟過來。

他的另一部代表作名叫《伽利略傳》（*Das Leben des Galilei*, 1939）。作者曾兩易其稿，一九四七年一次，一九五五年一次。該劇寫的也是十七世紀的人物，意大利物理學家伽利略的一段經歷。面對教會的脅迫，伽利略不得不撤回自己的科學結論，而違心地承認太陽圍繞地球轉動。布氏在這裏提出了一個科學家的道德責任感與現代自然科學之間的關係問題。

可見，布氏喜歡藉歷史人物、事件及傳說闡發現代人的看法，批判現實世界。劇中的時間、地點因此並不重要。作者甚至是別有深意地選擇距今數百年的時代，藉中國的四川（見《四川好人》）或俄國的高加索（見《高加索灰闌記》）等地作爲故事的現場，以便讓觀衆跟現實世界拉開距離，產生一種陌生化效果。而這種效果的目的是要觀衆保持冷靜的頭腦，從戲中獲得啓發與教益。理性的布萊希特相信人是可教的，世界是可變的，看戲不能只是爲了消遣或宣洩情感，而是要達到某種共識，最終改造世界。不欣賞布氏的人，認爲他的敍事劇枯燥乏味，說教氣太濃，未免有板著面孔訓人之嫌。

作爲一代宗師，布氏對戰後德國劇壇影響深遠，在國際上也享有盛名。下面將介紹的兩位瑞士籍德語作家曾被布氏所吸引和影響，但他們同時又否定了布氏的某些觀點。

2.馬克斯・弗里施

一九四七—四八年，弗里施（Max Frisch）同布氏在蘇黎士相識，他對布氏十分欣賞。但弗里施認爲，戲劇可能勾畫現實但卻不能複製或再現現實，藝術比現實有更大的表演餘地。他不相信人是可以敎化的，因此給《好好先生和縱火犯》（*Herr Biedermann und die Brandstifter*, 1955）這齣獨幕寓意劇加上一個副標題：無敎義的敎育劇。

廠商比德爾曼家闖來兩個矯裝流浪漢的縱火犯，他們打算把全城連同主人家的房子一塊兒放火燒掉。大禍將臨之際，膽小怕事的主人沒敢出面阻止火案的發生，相反曲意奉承，末了親手遞上火柴，表示信人不疑，遂成爲一個不自覺的同夥犯。但他到了陰曹地府之後，同許多納粹追隨者一樣爲自己開脫，說自己只是受害者。作者以爲，像比德爾曼這樣目光短淺、缺乏獨立判斷力和膽識的人們是無藥可救的，不管嚴厲警告也罷，循循善誘也罷都無濟於事，因爲他們的思維、行爲早已納入既定的模式之中，改也難。這齣戲本身是一個寓言，一種抽象，無時間地點，類似事件隨時有可能發生。戲中人的行爲方式也會再重複。

弗里施的另一部寓意劇叫《安道爾》（*Andorra*, 1961）。安道爾是歐洲的一個小國，戲中的人物、故事卻跟這個國家毫無關係，它只代表一種「模式」。主人翁安德里是個非婚生子，父親爲了遮醜，謊稱兒子是救來的猶太小孩，結果使安德里遭到「本是同根生」的安道爾人的無情排斥、羞辱與唾棄。無形的偏見硬生生把他變成了另一個人，一個局外人，把他推向死亡之路。事過之後，安道爾人偏不認帳，一個個站到法庭上爲自己開釋。作者將各人的辯護詞分別揷在每場戲之前，戲中人的言與行便形成了矛盾的對照，謊言被拆穿了。作者似乎想要大喊一聲：人是多麼地不善檢點自身，不知反省和無可救藥啊！安道爾也不是沒有所指，這個美麗和平的小國使人聯想到作者的故鄉瑞士。當《安道爾》在蘇黎士劇院首演時，作者對記者說：「罪人就坐在正廳前排！」一語驚四座。

在習俗、傳統、偏見、傳媒作用下被動的人，他們的行爲模式，他們與社會的關係等是弗里施戲劇經常涉及的題目，這也是西方工業社會迫切的現實問題。

3.迪倫馬特

他比弗里施晚生了十年，但跟他齊名。

廸倫馬特（Friedrich Dürrenmatt）認爲，一齣戲可以不含教義，但不能沒有烏托邦式的夢想。表演應該超越現實，塑造幻想的東西，把想像世界跟經驗世界加以比照。他還說，現實是自相矛盾的，歷史是由偶然因素決定的，社會力量是不透明的，因此席勒式的歷史悲劇已經不能把握我們的現實世界，理由是悲劇英雄已經消失，所以他選擇了喜劇形式，並且只有喜劇才可能造成認識事物的必不可少的間距。

用戲謔、嘲弄的手法表現悲劇性的人物及事件，是廸倫馬特戲劇的特點，因此有悲喜劇之稱。下面簡單介紹他的兩部最成功的劇作：《貴婦還鄉》（*Der Besuch der alten Dame*, 1956）和《物理學家》（*Die Physiker*, 1962）。

《貴婦還鄉》敍述了一個荒誕離奇的故事：世界上最富有的女人克拉拉回到她濶別四十年的故鄉，爲了向她少女時代的情人尋仇。四十年前的某一天，商人伊爾誘惑了她，最後又把她拋棄了。作爲一個未婚母親她無法到社會上立足，不得已靠賣笑求生。如今復仇女神暗中花錢收購工廠企業，控制住了當地的經濟命脈，迫使這座窮困的城市就範，向她昔日的情人開刀。她恨聲道：「這個世界把我變成了妓女，現在我要把它變成一座妓院！」當伊爾良知復蘇，準備贖罪時，小城居民卻打算要他的命了。在伸張正義、主持公道的幌子下，他死於衆人之手。舞臺上的故事在現實世界中並非不可能，有的人在人道的名義下作惡，有的人隨大流，推波助瀾，促成不幸事件的發生。

廸倫馬特在《物理學家》中描繪了一幅更加陰鬱的圖景：物理學家M生恐他的創造發明會被用來殘害人類，於是裝瘋住進了一家私人瘋人院。他說服了兩位矯裝瘋子派來監視他的科學家也自動留在瘋人院。他認爲現代科學包含著危險因素，「不是我們待在瘋人院，就是世界將變成一座瘋人院」。那個給人治病的女大夫才是眞正的瘋子、狂人，她識破了物理學家的眞相，偷走他的手稿拿去使用，並宣布囚禁三位物理學家，她自己則成爲世界的主宰。如果說布氏曾在《伽利略傳》中鼓吹科學家的道德責任心的話，那麼廸氏卻在此證明科學家的消極抵抗和自我犧牲多麼徒勞無益。出路究竟在那裏？作者沒有提供答案。

九、文學的政治化傾向和紀實熱

一九四九年德國一分爲二，保守黨領袖阿登納任西德總理。五十年代雙方致力於重建，形成兩個不同的政府和經濟體系。東德靠向蘇聯爲首的東歐共產集團，西德同美利堅影響下的西歐諸國結盟。一九六三年阿登納下野，標誌著一個時代的終結。隨著社會民主黨人參政，東西方關係有所鬆動，趨於緩和。從阿登納下野到一九七四年社會民主黨領袖勃蘭特辭職，十一年間西德社會政治結構發生重要變更，不斷向著民主化方向發展。

經歷了「經濟奇蹟」之後，西德百姓已不再如戰後初期那樣爲衣食發愁了。一部分人開始注意外部世界，對越戰不滿，希望全球和平，要求社會公平合理，個人擁有更多的自由。一九六七和一九六八年間，參與意識強烈的青年學生知識分子以「議會外的反對派」自居，把空前激烈、廣泛的抗議運動推向高潮。當政治鬥爭白熱化時，文學被宣告爲死亡。

曾經走紅的存在主義哲學家雅斯帕斯（Karl Jaspers）和海德格爾（Martin Heidegger）此時已少有人問津，取代他們的是法蘭克福學派，哲學家馬爾庫什（Herbert Marcuse）和阿多諾（Theodor Adorno）。他們名噪一時，在高等學府擁有衆多知音和崇拜者。一時間，哲學、社會學非常熱門，文學藝術遭到冷落，文學的政治功用被誇大。

六十年代，政治詩流行，寫得最出色的要數恩策思貝格爾。他以「毒詩」一舉成名，並且還寫一手精彩的雜文、隨筆。

戲劇界政治化傾向尤爲顯著，因爲戲劇能夠及時反映現實問題，能夠直面觀衆進行宣傳，效果相對大。當時政治色彩鮮明的紀實劇（又稱文獻劇）很時髦。它們一般是根據文獻資料、眞人眞事編寫的，結合適當的虛構，很有煽動性。六十年代中期，霍赫胡特（Rolf Hochhuth）的《上帝的代表》，基普哈特（Heinar Kipphardt）的《歐本海姆事件》，彼得・魏斯（Peter Weiss）的《調查》被搬上舞臺。

《上帝的代表》（*Der Stellvertreter*）一劇披露了敎皇皮烏斯十二世對法西斯肆意捕殺猶太人裝聾作啞的事實眞相，引起震動。戰後，大家都廻避歷史舊帳，天主敎會的形象完美無瑕，一直被視爲道德的化身、上帝的代表。如今，《上帝的代表》一劇碰了禁區，收到爆炸性效果，敎會的抗議更是火上添油。不久，劇本被譯成十七種文字，在二十八個國家上演，給作者帶來了意外的榮譽。

《歐本海姆事件》（*In der Sache J. Robert Oppenheimer*）的上演率也不遜色。它講的是美國原子、物理學家歐本海姆的個人遭遇：他設計出來的原子彈被投到日本廣島以後，別人懷疑他故意拖延研究氫彈的工作，因此被當作危險分子，受到美國原子能委員會的審訊。這是繼布萊希特、廸倫馬特之後，又一個劇作家對現代科學提出責疑。

彼得・魏斯一九一六年出生於柏林，父親是猶太人，一個紡織廠老闆。希特勒執政後流亡他鄉，到一九八二年去世爲止一直居住瑞典。一九六三至一九六四年間，他來到西德法蘭克福，當時那裏正開庭審判奧斯威辛集中營的納粹罪犯。《調查》（*Die Ermittlung*）就是根據審訊筆記及報章上的新聞報導寫成的。這個戲的臺詞多於舞臺表演，它跟《歐》劇一樣，舞臺卽是法庭，法庭卽是舞臺。

把眞人眞事搬上藝術舞臺正是紀實劇的特點。有道是「生活大舞臺，舞臺小世界」，臺上臺下原本是一回事。

十、工人文學的崛起

六十、七十年代西德文學的主流是紀實、政治化。工人文學也是紀實的，一般以報告和小說的形式描寫經濟奇蹟的創造者們——平凡的勞工階層和他們的境遇。從前不常入小說的，例如陰暗的礦井、工傷事故、永恆單調的流水線、不人道的企業管理、外籍工人的慘境等等均成爲工人文學的題材。而素材的來源大都是作者親歷。有的則根據筆記、採訪錄音整理而成，眞實性極高，暴露性極強，再加上作家的想像與渲染，更是觸目驚心。讀到鮮爲人知的內幕情報時，令讀者咋舌不已。

下面推薦兩位最有代表性的工人文學作家格林（Max von der Grün）和瓦拉夫（Günter Wallraff），他們同屬工人作家團體「六一社」成員。

格林曾在西德魯爾工業區煤礦做過十九年工，閱歷豐富。一九六二年發表以礦山工人爲題材的長篇處女作《雙重黑夜裏的男子們》，引起矚目。礦工白天到那暗無天日的地下作業，與陽光無緣，夜晚回到地面，進入眞正的黑夜，他們的處境也就可想而知了。格林比較重視語言表達方式，兼顧作品的藝術性和可讀性，因此他的第二部長篇小說《火與磷火》（*Irrlicht und Feuer*, 1963）十分暢銷，是公認的樣板。這部小說因批評了工會而遭致非議。

瓦拉夫是一位極有膽識和個性的傳奇式作家。一九四二年他生於科隆，父親是工人，母親是一個工廠主的千金。成年之後，他拒不肯服兵役，但沒有被批准。十個月之後，被當作百無一用的怪人開除出軍隊。這段很不愉快的經歷影響到他的一生，從此他深惡官僚，嚮往民主生活。

一九六六年瓦拉夫第一部工業報告文學集《我們需要你》問世。一九六九年又發表《十三篇不受歡迎的報告》。作者是個吃苦耐勞的人，什麼髒活累活都幹過。不管在造船廠、冶金廠還是在大公司、出版社，文武都拿手，當過工人、職員和編輯，爲文學創作積累了豐富的經驗。他的作品一經發表，難免得罪雇主，於是被解雇或捲入司法糾紛。不得已只能改名換姓，到另一個地方求職。

一九七三年發表報告《你們在上面——我們在下面》。一九八五年問世的《最底層》（*Ganz unten*）引起轟動。這部長篇報告文學以寫西德外籍工人生活爲主，夾帶諷刺了政界要人的醜行。爲了進入外籍勞工的圈子，作者特意配了一付變色隱形眼鏡，一會兒冒充下層土耳其工人，一會兒又自稱是某個大人物的親戚。他用親身體驗寫出了客籍勞工的屈辱與辛酸，暴露了發達社會裏政客、老闆與市民的自私冷酷、排外和虛僞。充分運用錄音照片這些現代技術，增強了作品的效果。而事實往往是最無情的，華美的面紗後面躲藏著醜陋的面目。作家只是將事實端給讀者看，他讓讀者自己去作評判。

工人文學以暴露爲主，藝術性稍嫌不足，但不少細節描寫仍相當生動、眞切。例如：

「褲腰上，汗水聚成濕淋淋的一圈，咬著皮肉；灰塵黏住了毛孔，又給汗水沖刷出來。」

十一、轉折：新主觀派

到了七十年代中期，文學的政治化熱業已消退，作家們的注意力從外部世界轉向主觀和內心世界。「我」又成了詩歌的中心議題，小說又開始敍述了。

六十年代曾經一度被宣布爲死亡的文學，到了一九七五年前後又繁榮起來，詩歌、小說、傳記大量出版，標誌著一個新的轉折。文學創作不再是單純的政治行爲，而往往只是爲了自明心跡，或講述自己的經歷，或傳達個人主觀的印象。文學作品着重於描寫人的情感、激情、夢境、幻想和感官感受。對於這種創作傾向人們試圖給它下定義，貼標籤：「新主觀派」，「新內向派」，「新非理性主義」，「新敏感派」等等。這些新詞無疑簡要概括了當代德國文學最顯著的特點，但從某種意義看，所謂的「新」只不過是回歸而已。

一九七二年，奧地利籍德語作家彼得・漢德克（Peter Handke）出版了一本書，題爲《我是象牙塔裏的居民》，清楚不過地表達了他對文學創作的態度和傾向。對他來講，沒有什麼現成的題材是他想要寫的，他只對自身、對人感到興趣。最初漢德克以反傳統的實驗性劇本引起重視，一九七二年發表《知足的悲哀》，以他母親爲藍本，追溯了一位傳統女性悲劇性的一生。《左撇子女人》（一九七六）則描寫一位現代知識女性超脫家庭、自立的經歷以及她細膩、錯綜的心態。《兒童故事》（一九八一）中寫進了作者與其女兒的關係。漢德克常有新作問世，得過多種文學獎。

七十年代以來，德國詩歌園地相對繁榮，新作源源問世。詩歌創作呈現一種主觀個性化趨勢，越來越不守形式、韻律的束縛，不太注重詩的整體性和內在聯繫，詩歌的隨意性增加了。無形式、無主題、散文化是當代詩歌的特點。卽景、瞬間感觸、日常瑣細之事、小我、仇恨、性愛統統可以入詩。同時，當代詩人大都有一種憂患意識，在詩文中記錄了他們的困惑與恐懼、大都市生活的孤獨、壓抑，對現代文明的否定，對人類前景的焦慮以及末日預感等等。

布林克曼（Rolf Dieter Brinkmann）被認爲是策蘭以後最優秀的詩人之一，可惜命太短，一九七五年喪身於倫敦的車禍，年僅三十五歲。這位個性敏感、激烈的詩人對美國當代通俗詩歌推崇備至，認爲寫詩就像開啓一扇門那樣簡單，不必太深思熟慮。創作只是一種自發衝動，沒有比詩歌這種形式更適合於表達瞬間感覺了。下面請欣賞他的一幅〈單純的畫像〉(Einfaches Bild)：

一位少女
穿著
黑
絲襪，
裊裊婷婷
走來，
沒有抽絲。
她的影子
在
街上
她的影子
在
牆上。
她
裊裊婷婷

走去
穿著
黑
絲襪
沒有抽絲
一直到
裙子下。

《向西一&二》（*Westwärts* 1 & 2, 1975）是布林克曼最後一本詩集。他那橫溢的才華，不合流俗的叛逆性格以及他的不幸早逝給這本詩冊帶來殊榮。下面翻譯《向西》中的一段，讀者從中可窺豹一斑：

真實發生的事情……並非書題、內容、引言。
大白天一輪烈日咆哮著，灌木叢，畸形植物，
風沙淤沒的街道，

我在倫敦轉車。

一陣冷風穿過大廳。

橫幅搖曳，進步，和平
土豆在電腦中。

然後我受檢查。
我打寒顫。

大樓旁草地衍生開去。

……

十二、給讀者一個交待

當代德國文學這個提法不夠精確，想必讀者已經注意到了。所謂的當代，就是從一九四五年算起。這一年，德意志帝國敗戰，被美、英、法、蘇佔領。後來到一九四九年又相繼成立了德意志聯邦共和國（西德）和德意志民主共和國（東德），德國實際上是不存在了。後來再合二爲一那是後話。

另一方面，奧地利、瑞士等國的德語作家在西德出書，被廣泛接受，又不能將他們打入另册❶。因此，這裏的德國文學只是一個模糊的概念，即以西德文學爲主兼及其他❷。限於篇幅，許多用德語寫作的作家都未曾一一介紹，西德的也難免掛一漏萬，眞是非常抱歉。

本章只粗略介紹了戰後德國文學的背景、傾向、發展軌跡以及代表作家和作品，有興趣的讀者可以循著這條線索自個深入到德國文藝作品的庫藏中去。

❶ 因爲，不管一個作者的家鄉在德意志聯邦共和國、在德意志民主共和國、在奧地利或在德語區的瑞士，其作品都是對德意志文學的貢獻。

❷ 講的主要是聯邦德國的文學發展的線索與趨勢，而不是全部德語文學。

聯邦德國的教育事業

高玉龍

一、引　言

聯邦德國的教育體制，對於最初涉及者來說，可謂迷宮般地複雜。二次世界大戰之後所實行的種種教育改革，使其教育體制，無論是在內容還是形式上，均得以迅速地發展和不斷地完善，最終形成了一個具有本國特色的、比較完整的、系統的科學的教育體制。由於聯邦德國的教育具有聯邦與地方分權制的特點，故中小學制和大學學制，就其教育內容與形式而言，既體現了聯邦德國教育事業的整個面貌，又突出了地方治學的特色。

教育事業的發達與否，是衡量一個國家是否先進的最重要的標準之一。幾十年來對教育事業的重視和不斷發展，爲聯邦德國如今成爲歐洲頭號發達工業國，奠定了不可缺少的教育基礎。本文着眼點在於，通過介紹性的語言，對聯邦德國二次大戰後的教育狀況及其發展，進行一次表層剖析，使讀者對聯邦德國的教育發展過程和教育體制有一個比較全面的了解。

二、一九四五年以來的德國教育發展

1.廢墟上的教育

衆所周知，一九四五年納粹德國滅亡之後，在德國（作爲軍事戰敗國）產生了由戰勝國（蘇美英法）分別控制的四個佔領區域。戰後的德國猶如一位完全癱瘓的風殘老人一般，已處於崩潰之中：絕大多數的城鎮建築和工業設施幾乎被戰爭徹底摧毀，成千上萬的城市居民逃離自己那支離破碎的家園，疏散到那些遭戰爭破壞程度較小的鄉村小鎮上去。戰爭帶來的厄運使當時德國的社會結構畸形化，卽社會大動盪，國家管理機構的正常功能的喪失，疾病、饑餓等。在這種暫且由佔領軍當局統管的社會條件下，當時德國的教育，特別是教育方針和教育內容，均處於一種大換血的交換過程中。學校中實行著一種強化教育，也卽，儘可能地給學生灌輸非納粹化思想和民主意識。爲了保證達到這種教育目的，佔領軍當局對學校的教育思想和內容（課堂內容、教材實施、教師思想水平等）實行嚴格的把關制度，以便防止納粹思想及其它非民主意識滲透到學生之中去。

當時德國的教育要從一種納粹式舊的體制中一下躍入另一種民主式新的體制中，並非是一個輕而易舉的交換過程（例如：學校體制的根本改革，伴隨著教育思想的變化，取決於行政體制的選擇等等），如何以最快的速度重建和恢復德國的教育事業，是一項十分艱鉅的任務。

另外，值得一提的是，在一九四九年劃爲民主德國的蘇軍佔領區域中，也進行了一系列重大的教育改革措施，以便使東德的教育爲其社會主義建設服務。例如：由國家統一規劃教育事業，使之爲社會主義計劃經濟服務；縮小社會層次差別；擴大工農子女和婦女的就學機會；宣傳共產主義意識形態，強調階級性和黨性，不斷地瓦解私有制和剝奪資產階級的教育特權。爲了與這種社會主義教育方針相對抗，人們在西柏林建立了一所名爲西柏林自由大學的綜合性大學。以此作爲保證其民主傳統式大學的象徵。

冷戰開始後，德國分爲東西兩個世界。兩個德國的教育也有著本質上的迴然不同的差別。這種民族分裂給聯邦德國的教育改革帶來了種種的困難，導致聯邦德國的教育改革（較之其他西歐工業國）姗姗來遲。

2. 遲到的教育改革

爲什麼聯邦德國的教育改革不僅晚於其他的西歐工業國，而且，也遲於當時東歐的社會主義國家呢？五十年代是聯邦德國的經濟蕭條和治療戰爭創傷的恢復時期。戰爭造成的全社會硬體的破壞，居民生活水深火熱，恢復正常社會生活功能和管理功能等等問題，無疑給當時的教育改革準備措施帶來了難以避免的阻力。但戰爭帶來的創傷並非是推遲德國教育改革的主要原因，因爲，戰爭創傷並非是聯邦德國獨家所有，別的歐洲國家也同樣不可避免地遭到過戰爭的浩刼，他們也面臨著戰爭結果帶來的各種社會問題。然而，這些國家並未因爲這些社會問題而停止其教育改革，相反，其教育改革仍然得到了發展。因此，聯邦德國之所以推遲了它的教育改革，是有別的社會歷史原因的。根據聯邦德國一家著名的教育研究中心的研究成果來看，主要有以下幾種特殊的社會歷史原因：

一是當時聯邦德國缺乏一個對於整個教育體制所需的統一的教育方針。這又是與下列社會歷史因素有著不可分割的關聯：首先是納粹統治所奉行的極權主義思想及大國沙文主義等思想對後人產生了不可忽略的影響。其次是同盟國佔領軍當局一九四五年後所進行的旨在於恢復重建德國教育的努力措施，對德國人來說，均爲侵犯日耳曼民族合法權益和傳統文化的非合理性教育方針政策。

二是五十年代前期，聯邦德國孕育著一支龐大的失業大軍。這是因爲首先是聯邦德國自身擁有很高的失業人數，其次是自一九六一年東西方世界的邊界被封鎖之後，大量受過高等和初等教育的逃亡者從民主德國湧入聯邦德國。而後者知識層次較高的逃亡大軍，正好爲聯邦德國的經濟振興而所急用。因而，聯邦德國當時並非像其他西歐國家那樣，缺乏大量的知識技術人材，因此，要通過教育改革來解決這個燃眉之急的問題。在這種特定的社會歷史條件下，當時，全世界範圍內所進行的各種教育改革活動，如：學制改革，擴大教育功能，最大値地培養出國家急需的各類人才等，對聯邦德國來說，並非是舉足輕重之大事。這也是聯邦德國普遍認可的社會歷史原因，爲什麼聯邦德國的教育改革晚產？

3. 教育改革之路

聯邦德國的教育改革大約開始於五十年代底和六十年代初。在最初的十五年之久的教育改革中，也卽，從一九五九－一九七三年之間，各種有關教育改革的教育思想、教育方針等均得以在全國範圍內公開地進行探討和辯論。當時的德國教育委員會於一九五九年頒布了第一個具有全國性質的教育大綱，這標誌著教育改革的工作已正式開始。到了六十年代中期，聯邦德國總的基於教育改革的教育思想和教育方針等，在保證各個政黨和政治利益的前提下，得到了全部政黨和派別組織的同意認可。到了七十年代，由於六十年代末期學生運動的衝擊，聯邦德國的教育改革的努力一方面得到了促進，而另一方面，改革中的問題和矛盾由此而尖銳化。一九七〇年，由當時的德國教育參議會（Deutsche Bildungsrat）頒布了一份「教育體制大綱」（Strukturplan für das Bildungswesen）。該大綱在全國討論實施教育改革工作中，無疑起到了一種給教育改革之路指明方向的總體作用，因爲，該大綱爲聯邦德國教育事業的新的教育體制和教育方針等，制定了比較長遠的規劃。這次總體設計規劃的面十分廣濶，它既包括對學前教育的改革方案，也包括對中小學教育和大學教育的改革方針，還有對繼續教育的具體改革指導。

但是，隨著教育改革的不斷推進以及對中學初等教育和大學高等教育的不斷擴充和發展，接踵而來的是大量的財政、政治等實際問題和困難。下面舉出幾個改革討論的例子，以此說明教育改革的幾個重要過程：

一九六〇年實施對文理中學高中的改革；並在同一年中，對從小學到實科中學和文理中學的過渡進行了新的規定和改革；

一九六〇年中期，開始逐漸取消了八年制中學和四年制小學這樣的所有零散式公立學校，取而代之的是相對集中、規模較大的小學和普通中學；接著開始進入了是否建立綜合學校這種新型學校體制的討論；

一九六七年開始對學前教育問題的大討論；

一九六九年已進入了教學大綱及教學法理論方面的探討。法蘭克福小學會議上，提出了對小學體制進行改革的倡議；

另外，職業教育也得到了進一步地發展，工程技術學校得到優先發展，職業技術教育已開始納入高等教育範圍之內，高等專科學校，由於其專業教育具有廣泛性，故被看成是一種獨立的高等教育學校形式，職業教育學校的新形式不斷增加。一九七三年由於教育改革進展順利，經濟不斷增長及學生畢業後謀求職業得到保障的客觀條件，有人提出了非現實的教育改革思想，即將教育體制與社會就業體制徹底分開，對此進行了辯論；這種設法通過教育改革達到某種社會改革的教育改革思想，在現實社會中並非得以實現，因爲，這對教育事業來說是一種過分的要求，這種改革思想只會增加各黨派之間的政治爭執。

三、聯邦與地方的教育分權制

聯邦德國的教育方針和教育總體規劃取決於聯邦制的國家組織機構。根據聯邦德國基本法（憲法）規定：「各州擁有行使國家職權及完成國家任務的權限，……」（見基本法第三〇條款）。聯邦與地方的教育分權制的特點在於，聯邦負責作出宏觀上的指導性的規定，例如：聯邦擁有立法權限，它可以頒布諸如高等教育事業的基本規則等，而各州，也即，地方政府則負責任務的具體實施，地方政府是各州教育事業的主管權力機構。但是，如果某項特定的教育計劃的實施與否，不僅對某個州有影響，而是對全國的教育事業也產生作用，則聯邦就此有權加以過問和影響，並可以與州政府共同討論協商，作出共同的決定。此時聯邦權力機構的參與，有利於改善和調節各州之間的協作關係。總之，聯邦德國的教育分權制是由其國家行政結構所決定。聯邦發揮著總體協調作用，凡是具有全國影響和作用的教育計劃等的實施與否，均納入聯邦的立法權限範圍之內。但各州獨立的「文化主權」也確立了地方政府對此具有法律效用的行政權限。值得指出的是，聯邦制結構也導致了教育事業方面的許多困難。因爲各州學校的教學計劃和結果是互不相同的，有的差別甚大。如果遷居到其他州裏，而孩子的上學在新住地找不到「銜接」，就會產生問題。正因爲聯邦制在文化教育方面有著這些消極面，所以聯邦政府專門設立了「聯邦—州教育規劃和研究促進委員會（Bund-Länder-Kommission für Bildungsplanung und Forschungsförderung)」。所有這些都旨在確保教育事業所需的統一性，但同時也不放棄多樣性。

四、教育法

整個聯邦德國的教育法置於有關獨立司法機關的法律監督之下。其目的在於儘可能地將公立的學校主權，父母權限及教師的教育權這三大點協調起來並取得一致。作爲學校教育的直接或是間接參加者，也卽，學生、教師、父母，在學校教育範圍內，都基於各自的基本法所規定的權力。

1.「教育法」和「學校法令」概念

所謂教育法並非是法律術語方面的傳統概念，它並不像其他諸如「刑法」、「繼承法」等概念那樣，含有一種固定限制的內容，相反，它是涉及到教育範圍內所有法令的總和。

所謂學校法令並非是一套一目了然的聯邦州立法，因爲，它並非完整地，可以說比較零散地分布在大量複雜的單個法律條款中，並且，在州與州之間又存在著不同的法律狀態。只是隨著人們對學校法令提出不斷完善的要求呼聲越來越高之時，才逐漸出現了將學校立法變成法典式法律條款的趨勢。

2.學生、父母、學校之間的法律關聯

學生、家長及教師在學校教育中，均有自己不同的法律地位和發揮著不同的法律作用。也正是有了這種法律保障，才能夠保證學校教育事業的順利發展。

受教育是聯邦德國的公民權。同樣，學生也享有這種接受學校教育的權力。雖說至今仍沒有專門獨立的學生基本法，但目前基本法中所規定的公民基本權中，已大部分地反映了學生的根本利益。例如：基本法中關於「人的尊嚴」和「個性發揮」兩條條款，分別強調，每個公民均享有對於人生尊嚴所需的受教育和獲取知識及技能的權力，此種保證充分地達到發

揮個人才智和維護個人利益的目的。

每位學生都應該享有平等的受教育機會，但這種機會均等的法律規定，由於客觀社會條件的限制，在現實生活中難以實現。總之，基本法中的條款已經反映出學生自身的法律地位，當然學生與其他公民一樣，還享有別的權力。

父母對學校教育事業的參與和影響作用，早已反映在許多法律條款之中。基本法中規定：「父母對其孩子的撫養和教育是其天然的職責和應盡的義務」。由此可知，父母除了對下一代履行自己的職責之外，同時還享有以自己的方式和意願培養教育孩子的權力。這種權力限制了國家對父母教育的干涉。但是，家庭教育和學校教育之間是一種相互促進的辯證關係。父母對孩子的教育影響不僅僅局限於家庭範圍內，而是明顯地影響到學校社會對孩子的教育作用。例如：學校在制定有關性教育課程的教學計劃、學習目的、學習內容等過程中，應該考慮到父母的意見。另外，父母也擁有選擇權力，也即，父母有權爲其孩子選擇一定的學校讀書等。總之，父母的教育權力，一方面是父母的基本權，而與此同時又是父母的應盡義務。這點確立了父母的教育特殊性。

教師通常被看成是國家公職人員。就法律地位而言，教師是屬於「官吏法」中的一部分。教師作爲國家公職人員，享有不少「特權」，例如：發展個性的權力、保證良知等自由權力、自由發表意見的權力等等。但這些基本權力都在不同的程度上遭到各種限制。因爲，在公職人員法中同時又包含著一系列的義務規定，而這些應盡義務，恰恰起著限制教師盡情享受基本權力的限制作用。所以說，教師的教育自由權力，在現實教育實踐中，無形或有形地被各種義務規定限制著，使之經常成爲仍需追求的理想。

3. 高校法令

聯邦德國的高校法律總綱（Hochschulrahmengesetz），經過多年的反覆探討，終於在高等階段，也卽，高等教育範圍內得到確定。該法令大體上是在下列基礎上構成的：一是國家多少年來頒布的非系統化的高校法律條款；二是各高校自己制定的非統一化的規章制度；三是各高校本身許多不成文的習慣法。

該總綱中，確立了有關高等教育事業發展的全面的普遍原則。但它並非直接具體地規定了高校章法，而只是給地方立法者確定了大的方針政策而已。在此總綱精神的指導下，由地方負責制定和頒布具體性質的高校法令。

高校法令的核心內容是，制定了有關學習年限及考試考核等方面的新規定：學生必須在限定的學習年限內完成學業，爲的是讓學生在規定的時間內大學畢業，爲社會作出貢獻。

聯邦德國學制

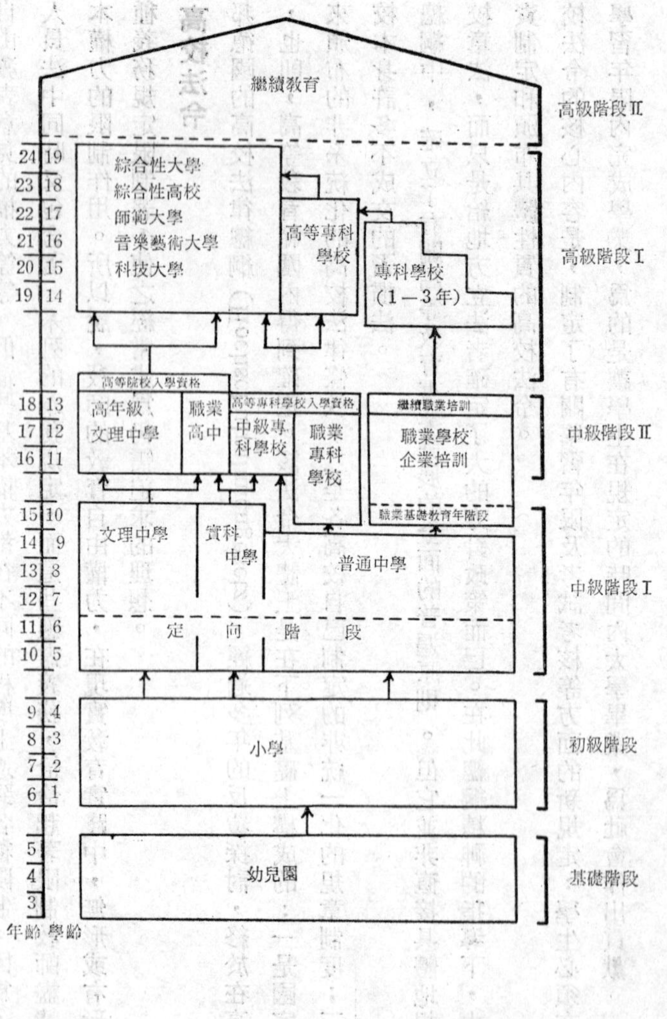
繼續教育
高級階段Ⅱ
綜合性大學
綜合性高校
師範大學
音樂藝術大學
科技大學
高等專科學校
專科學校（1－3年）
高級階段Ⅰ
高等院校入學資格
高等專科學校入學資格
繼續職業培訓
高年級文理中學
職業高中
中級專科學校
職業專科學校
職業學校
企業培訓
中級階段Ⅱ
職業基礎教育年階段
文理中學
實科中學
普通中學
定向階段
中級階段Ⅰ
小學
初級階段
幼兒園
基礎階段
年齡
學齡
24 19
23 18
22 17
21 16
20 15
19 14
18 13
17 12
16 11
15 10
14 9
13 8
12 7
11 6
10 5
9 4
8 3
7 2
6 1
5
4
3

五、聯邦德國的學制

每年六月底滿六周歲的學齡兒童，均開始履行接受學校教育的義務，也卽，聯邦德國所有符合學齡條件的兒童，都應該於八月一日入學報到。這項規定是由一九六四和一九七一年的「漢堡協議」（各聯邦州之間達成的有關學校教育統一規定的協議）所確認。父母有義務將其子女送入學校上學。學校義務教育規定從六周歲開始，到十八周歲結束，其中九年爲全日制學校義務教育（西柏林和北萊茵—威斯特法倫州分別爲十年），三年爲半工半讀學校義務教育（如：職業學校義務教育）。

聯邦德國的教育事業除了諸如幼兒園和入學預備班等之類的學前教育以外，主要爲絕大多數的學齡兒童提供了公立小學這樣的共同的學習場所。如今唯有少數的學齡兒童就讀於私人學校。公立小學通常爲四年制，但在西柏林爲六年制。下面就聯邦德國的學校體制，比較詳細地概述其類型、分布、學時、學習內容等方面的情況及其特點，以便讀者對聯邦德國的學制有所了解：

1. 基礎階段

所有的幼兒園以及其他各類的學前教育機構，也卽，所有公立與私立的專門負責招收學齡前兒童的教育機構，均屬於學習的基礎階段。教育工作者（並非教師）負責對學前兒童進行比較科學系統化的學前教育。由於，處於該學習階段的兒童均沒有達到接受學校義務教育的年齡要求，故此學習階段也可稱爲學前教育階段。雖然這種學前教育形式至今並未納入國家正式的學校教育體制，但它至少在家庭教育方面起到某種重要的補充作用，並爲學前兒童將來正式入學做好了各方面的準備工作。

這種學前教育與學校義務教育的一個重要不同點在於，它不是免費進行的教育活動。事實上，由於學前教育的昻貴教育費用，給不少經濟上處於下層的家庭帶來了不少難以克服的困難。雖然，許多人經努力得到了當局有關部門，如：青年部的費用補貼，但終究不是個解決辦法。此外，法律規定，上幼兒園是沒有任何限制的，但實際上，由於「供不應求」的緣故，致使許多兒童不能進入幼兒園接受教育。再者，由於外國兒童人數的劇增，也給這種學前教育帶來問題，因爲，這些外國兒童分別來自世界各地，有著各種不同的文化背景和宗教信仰。這種特殊性使教育工作者傳統的教育方式完全失靈。特別是教會幼兒園，最棘手的是父母之間不同的宗教信仰。學前教育工作者們試圖採取新的教育措施和手段，來解決這些問題。

搞好學前教育的困難不僅僅在於缺乏足夠的教育場所和教育設施，而且，還缺乏具有相應水平的專業教育工作者。是否能儘快地提高教育工作者自身的教育水平，是直接關係到學前教育能否成功的關鍵所在。

2. 初級階段

一九一九年魏瑪共和國的憲法中已明確規定了小學爲所有學齡兒童入學教育的學校，也卽，小學是學校義務教育中的共同學習階段。小學的學習期限一般爲四年，西柏林六年。可以說，小學是整個學校教育學習的根本基礎（見六十六頁圖表）。正如前面所述，每年六月底，滿六周歲的兒童均成爲接受學校義務教育的學齡兒童。如果離學齡相差幾個月，父母可以與校方協商，若得到許可，其兒童可以進入小學讀書。另外，按規定，所有學齡兒童入學時須經校方體檢，唯有通過體檢，方可正式入學。如體檢不合格，也卽，校方認爲該兒童精神上和體質上及智力上均不具備學齡兒童所需的要求，則有可能送其到學校附近的學前班就讀。而學齡殘疾兒童通常被送入特殊學校就讀。

小學的教育方針和培養方向，取決於其在整個學制中的地位，也卽，小學負責爲學生將來升入中級階段的學習打下相應的學習和教育基礎。例如：促進學生的個性發揮，培養學生的各種興趣愛好（不僅是學習興趣），儘量發展學生的各種能力（思惟、聯想、創造、自信心、人際交往等）。此外，在客觀條件允許的情況下，學校教師，在對學生實施教育培養的過程中，應該顧及到作爲個體存在的學生各自的特殊性，例如：學生不同的個性、學習能力、家庭環境及文化背景等。唯有這樣，方可儘快地幫助學生適應學校的學習生活並使其打下比較牢固的學習基礎，爲將來進入高一級的學習創造好先決條件。倘若不了解學生的各異性，那麼，這種各異性反而會成爲學生擴大學習範圍的阻力。聯邦德國的小學除了開設培養學生母語書寫和閱讀理解能力及算術能力的基礎課程以外，還有許多諸如算術、宗教、音樂、藝術教育、手工勞動等內容的必修課程。這些課程的教學目的在於，引導學生漸入小學高年級的課程學習，如：歷史、地理、生物、化學等。小學的每周學時，在各州有不同的規定，但大多在二十五到三十小時之間。

小學教師的資格是由其學歷和實踐經驗兩個方面所決定。小學教師至少具有下列條件：三至四年的大學學習和隨後進行的爲期一至三年的實習，最後以通過國家統一考試爲標準。由此可見，聯邦德國是十分注重教師本身水平的高低，只有達到國家所定標準和條件，才能勝任小學教師這一職務。

小學畢業後，學生升學去向問題（到那種類型的中學讀書）通常由學校和家庭兩方面，根據學生本身的學習情況及特點，共同討論決定。考慮到父母所擁有的教育權，決定學生的學習命運的最根本因素在於學生父母，而不是學校；校方只起到某種參議作用，如：提供學生的學習情況，學校類型介紹及其特點等。學生升入不同類型中學，其過渡程序也是異同的：進入普通中學和綜合學校學習的學生勿需經過入學考試，而進入實科中學和文理中學學習的學生需通過嚴格的升學考試。

3. 中級階段I

在小學普及教育的基礎上，開始了中學學習階段的普及教育。該教育階段與小學教育階段的不同之處在於，其爲學生所提供的學習範圍得以擴大，學習內容與學習方法均是爲了全面地進一步提高學生的各項能力和各種興趣和愛好。該階段包括下列幾個部分：定向階段、普通中學、實科中學、文理中學以及綜合學校（見學制圖表）。上述各種不同類型的中學均具有各自不同的培養目標，所以，各類中學的學習內容和形式都具有各自的特殊性。該階段的總的教學目的是，通過中學階段的學習，使學生掌握更多的基礎知識和技能，使其在完成該階段的學習任務之後，順利地進入職業教育學習階段或升入高一級階段的學習。

(1) 定向階段

該階段指的是第五—六學年階段。它的任務在於，幫助和促進學生定出今後的升學方向（上那種類型的中學），使其在第六學年後，比較順利地升入高年級的學習階段。此階段是一種不取決於任何學校類型的共有的學習階段。但各聯邦州對此階段的名稱沒有統一性，例如：黑森州稱之爲促進階段。儘管如此，各聯邦州對於該階段卻有著共同的教育目的。

該階段學習課程的通常規定是由中級階段I所屬的各類中學的教師所承擔，但事實上是以普通中學的教師為主體力量。它的教學目的是為了促進學生的學習積極性和學習能力，檢測學生的學習效果、智力等，調節學生非正確的升學方向，輔助學生作出進一步學習的努力方向。

(2) 普通中學

該階段指的是第五—九學年階段。它通常包括五個學年，但在北萊茵—威斯特法倫州為六個學年（五—十），而在不來梅，下薩克森和黑森（一部分）這三個聯邦州中只有三個學年。西柏林為四個學年。該種學校的中學畢業生一般直接進入職業教育學習階段，通常至少為期三年。據統計，這種中學是所有義務教育的各種類型中學中招生率最高的學校。

此中學的課程內容是比較廣泛的，它包括德語、外語、數理化、生物、地理、歷史、宗教、美術、音樂藝術、體育等十幾門課程。在絕大多數州的普通中學中（除了巴登—符騰堡州以外）沒有像其他類型中學所實行的統一的畢業考試。學校的周學時在三〇—三三個學時之間。

要成為普通中學的教師，須經過三—四年的大學學習以及為期一—三年的實習，並以最後通過國家考試為標準。

(3)實科中學

該階段指的是第五、七—十學年階段。它一般爲六年或四年制，到第十年爲止。在西柏林、不來梅、漢堡等州，其學習年限爲四年。

學校的教育目的是：一方面培養學生的自信心和對社會的義務感，另一方面促使學生順利轉入或升入高一級的職業學校或普通學校。

實科中學的特點在於，它的教育範圍比普通中學更廣泛，對學生的學習要求更加嚴格，如：該校學生須同時學習掌握兩門外語，而且，學校的教育除了普及外，着重突出了不同的重點，但各州的這類學校均具有各自的特點，在此僅以巴伐利亞的實科中學爲例。它通常有三種不同的培養方向：一是加強數理化知識，爲的是能爲社會培養自然科學和技術方面所需的中等人材；二是加強經濟、法律、計算、打字等方面的知識和技能，爲社會培養經濟管理人材；三是加強文（社）科課程，爲社會培養各種文科人材。學生可根據自身特點選擇相應的學習重點。據統計，這種實科中學頗受女學生的青睞，因爲，這種學校給學生提供了比較多的選擇機會：既可以繼續升學，也可以進入職業教育學習。

該學校的周學時通常爲三〇—三四之間。

只有受過高等教育並有十八個月的實習活動和通過了國家考試的申請者，才有資格擔任實科中學的教師。

(4)文理中學

它是各種類型中學中唯一跨越第一和第二中級階段學習的學校（見學制圖表）。該校學制一般為九年（第五—十三學年階段）或七年（第七—十三學年階段）。該學習年限的長短取決於小學學習時間及定向學習階段時間的長短。學生一旦順利地通過中學畢業考試，則可直接進入大學或其他高等學校學習。畢業生中有兩種不同類型的畢業方向：一是普通文理中學畢業生，他們可以選讀大學中自己所喜歡的任何一門專業；二是專科文理中學畢業生，他們只能在大學裏選讀一些特定的專業。

文理中學除了傳統課程（如：拉丁、希臘古典語言和現代語言及數學等方面的自然科學知識）以外，又增設了許多現代課目（如：社會科學、經濟學、技術、音樂、農業、紡織等專業方面的知識）。文理中學的培養目標是，使學生完成該中學的教育學習任務之後，能夠達到直接進入大學學習的基礎水平。通過該階段的學習，不僅要擴大學生的知識面，而且，要提高學生的學習深度和理解分析能力。

文理中學的周學時通常為三〇—三六小時之間，這取決於各聯邦州的自行規定。和其他的中學教師一樣，文理中學的教師也要擁有四年的大學學歷及十八個月的實習活動和通過國家考試的證明。

(5) 綜合學校

該形式的學校是以實驗學校的性質得以發展。其學習階段爲第七—十學年階段，爲期三年。綜合學校通常被分爲兩種各具特色的形式：一種是協作式，另一種是集中式。所謂協作式綜合學校是與學校類型相關的，從結構上講，它至少包括諸如普通中學，實科中學和文理中學在內的三種不同的學校類型。三種不同類型學校的具有各自特色的教學計劃和課堂方法等，在一個共同的學校領導組織下，相互滲透並加以協調，最終達到某種統一。此種協作式綜合學校盛行於黑森、下薩克森和巴伐利亞州。所謂集中式綜合學校是與學校類型不相關的，也卽，避免過早地給學生確定好特定的培養方向（如：選擇職業教育還是高等教育）。學生本身並不屬於任何特定的學校類型（屬於普通中學還是實科中學等），而是共同地在一起上課，形式上沒有類型差別。該學校只是根據學生不同的學習情況，爲學生開設不同重點的課程，以便使學生在完成了各自具有不同重點的學習以後，拿到與不同類型中學相應的不同的中學畢業證書。這種所謂集中式綜合學校通行於西柏林地區及不來梅等州。對該校教師的要求與其他類型中學的教師要求完全一樣。

4. 中級階段Ⅱ

該階段包括普通教育學校和職業教育學校兩大部分，也卽，第一中級學習階段後半部的一部分和高等專科學校及其他高等學校學習的準備階段。具體來說，從第十—十二學年或是第十一—十三學年，這是由各聯邦州自己決定的。

文理中學的畢業生通常可以直接升入高等學校學習，而絕大多數從普通中學、實科中學和綜合中學畢業的學生，直接進入職業教育階段（見學制圖表）。聯邦德國的職業教育培訓大致上有兩條途徑：一是通過企業與職業學校的聯合培訓；二是通過第二中級學習階段中的全日制職業學校的培養。如果學生完成，上述學業，則可通過這兩條職業教育途徑，最終達到進入高等專科學校及其他高校學習深造的水平。

(1)高年級文理中學

它包括第十一—十三學年。其教學目的在於，更進一步地加強學生的個性學習，擴大和加深學習內容，形式多樣化，以便使課堂內容與形式更進一步地適應高等教育的要求。

該階段的學習年限通常定爲二—四年之間，這取決於學生各目的學習進度如何，學生的學習內容比較廣泛，它涉及到下列學科內容：語言文學藝術；社會科學；數理化與自然科學；宗教學；體育學等。作爲必修課，學生首先要學的是德語、外語、繪畫藝術、音樂、哲學，其次是宗教、歷史、地理、經濟，再者是數理化和生物。而選修課的內容涉及面甚廣，如：教育學、心理學、社會學、法律學；天文、工藝等。

(2)職業學校

該校的學習已處於第二中級階段。凡是已順利完成了第一階段中全日制學校的學業，並已準備進入職業教育培訓學校就讀的學生，均可以升入該種職業學校學習，其年限通常爲三年。

聯邦德國的職業義務教育一般延續到十八周歲。但在個別聯邦州，其職業義務教育時間更長。職業學校的主要培養任務是，從職業培訓的特定要求出發，給學生傳授必要的專業基礎知識，其中，那些以職業的不同要求作爲培訓原則的基礎專業課程，約佔總課數的六〇%，而餘下的四〇%的課程均爲基礎課（德語、經濟、宗教、體育等）。職業學校的第一學年爲基礎學習階段，也卽，學習上述的基礎課程，後兩個學年則爲專業學習階段，也卽，要學習上述的專業課程。基礎階段的學習內容是針對整個職業範圍展開的，而專業學習則是針對學生已確定的未來職業進行的。

職業學校的周學時一般只有十二個小時。通常是半天制。學生學習結束時，不需要參加或通過某種畢業考試，但學生可以拿到該校的畢業證書。如果學生打算進入更高一級的職業培訓（如：專科學校），那麼，學生除了需要有職業學校的畢業證書外，尚要出示相應的專業證明（如：技工證書）。

此外，各州都有「職業基礎教育年」。根據一九七三年的聯邦德國文化部長會議協定，人們將職業教育的第一階段喻爲「職業基礎教育年」，它爲那些尚未決定學那種職業或尚未找到本人所喜歡的職業培訓崗位的人，提供了這種學習培訓機會。這裏的職業培訓面要比單個職業培訓廣泛得多。「職業基礎教育年」爲學生傳授一定的學業理論知識和創造相應的專業實踐活動的機會。這種「職業基礎教育年」之所以得到發展，是因爲它的教育方向和培訓手段比較符合整個職業教育所面臨的要求，即使青年多掌握一些技能和知識，以便在千變萬化的勞動世界中，找到自己的立足之地。

(3)職業專科學校

是一種全日制學校。它的培養目的是，除了給學生傳授一定的基礎知識以外，主要進行專向職業培訓，以便使學生將來更好地勝任其工作。普通中學和實科中學畢業的學生，可以進入該校學習。該校不同職業的培訓，由於其不同的培訓目標，有著不同的培訓時間，學習年限一般爲一——三年。該校的特色在於，對學生進行專科培訓，也即，具有特定的職業方向。例如，商業學校培養商務人材；技術專科學校培養技術工人或技術員等。學生完成學業後，需進行畢業考試。該校的周學時一般在三〇——三五小時之間。

(4)中級專科學校

是聯邦德國的職業教育事業中最新的職業學校。該校分爲全日制學校和半日制學校兩種。一般來說，實科中學畢業生或具有同等學歷的人，可以升入這種中級專科學校學習。該校學習時間是從第十一學年開始，到第十二學年結束。

該學校的培養方向是，讓學生掌握好基礎知識和一定的專業理論和實踐知識，着重培養學生的實際能力，以便使其達到升入高級專科學校繼續深造的水平。

學生在第一學年的學習，主要是專業實習。每星期有四天實習時間及八小時的基礎課程。第二學年的學習，主要是專業學習。周學時爲三〇小時。如果學生一旦拿到了該校的畢業證書，則獲取了升入高級專科學校學習的資格。該校的任課教師需要有理工科或經濟學方面的大學學歷並擁有一定的職業工作經驗。

(5)職業高中

該職業高中並非在各聯邦州通行，並且，各州對該職業高中的名稱規定，也是各具特色。學生入學需要在完成第一初級階段學習的基礎上，也卽，拿到實科中學畢業證書或同等學歷的證明才行。該校的培養目標是，經過三年的學習，可以進入普通高校學習，當然，學生需要拿到進入大學學習的資格，也卽，通過畢業考試。

(6)專科學校

旨在於進一步擴大和加深專科教育培訓，以便培養出具有中級水平的專業人材。學生在完成了該階段的學習後，應該在其專業範圍內（如：商業、農業、家政等）起到獨當一面的作用。該校入學學生的年齡通常都在十八周歲之上。他們入學前必須已具有一定的職業教育培訓證書或是相應的實際工作經驗和能力。

這種專科學校可分成幾種不同的學制形式：一是全日制學校，其學習年限爲一年。二是半日制或是夜校制學校，其學習年限爲一年以上。據統計，各式各樣的專科學校所包括的專業高達六〇多種，專業範圍之廣濶，是令人稱奇的。

例如：經濟學校（二年制）；技術學校（二年制）

家政學校（二年制）；農業學校（一年制）等等。

各種具有不同專業方向的專科學校，爲社會培養出大量地符合社會不同需求的專業人材。這種專科學校除了公立性質以外，還有許多私立形式的，這些私立專科學校的質量由於社會的競爭因素而顯得更高些。

學生一旦畢業，即可相應地獲取國家有關部門認可的職稱。

5.高級階段I

(1)高校入學資格

學生完成了第二中級階段的學習之後，便可進入高級階段I的學習，也卽，進入高等院校學習。聯邦德國沒有通常所說的那種大學錄取考試，而只是以高校入學資格和專業定向高校入學資格爲標準的，也卽，如果學生順利完成了第二中級階段的學業並獲得畢業證書，從而，獲取了大學入學資格：

①普通高校入學資格

學生一旦獲取該資格，便可直接升入大學讀書，並可以就讀大學裏幾乎所有專業。但攻讀藝術、音樂和體育專業的學生，除了大學入學資格審查外，尚需出示某種合格證明才行，也卽，以此來驗證其學生是否具備攻讀這些專業的基本能力，換句話說，有否這方面的天賦？

正如前文所述，學生完成了第二中級階段的文理高中學習並通過了中學畢業考試（第十三學年後），便可獲得這種普通高校入學資格。

這種畢業考試是在國家對學校監督機構的直接監督之下，由特定的考試委員會組織進行的：考試分爲口、筆試兩個部分，其中，有些課程需要加試實習考核，如：音樂、美術等。考試內容分別限定在語言文學、藝術、社科和數理化和自然科學方面。口試內容可由學生預定一定的範圍。如果通過了考試，則獲取了入高校讀書學習的資格。

②專業限定的高校入學資格

誰拿到了該資格，便可進入大學指定的專業就讀。學生結束了（第十一—十三學年）具有一定專業方向的文理中學，如：職業高中，技術文理中學，婦女職業文理中學等之後，便可拿到這種專業限定的大學入學資格。這種專業定向的文理中學的外語學習，由通常的兩門外語，減至一門，取而代之的是一門與職業相關的專業課程。如果這類學生需要普通高校入學資格，則只需加試第二外語卽可。

③高等專科學校入學資格

學生經過第十一—十二學年的中級專科學校的學習並通過了畢業考試（第十二學年之後），便獲取了進入高等專科學校學習的資格（據此，學生也可以進入綜合高等學校學習）。中級專科學校的畢業考試分別由口試和筆試兩部分組成。其中筆試內容包括德語、數學、外語、主專業課。

除了上述的三種主要的大學入學資格審查外，還有一些比較特殊的入學考查辦法。首先是針對那些具有一定才能，但又缺乏相應的中等教育畢業證明的在職人員。這些人在本職崗位上有著比較突出的表現，顯示出非同一般的聰明才智及過人的能力並且也渴望到大學學習深造。對於這些特殊的求學者，人們也爭取了特殊的錄取辦法，也卽，進行某種針對性強的考試，以此來判斷應試者是否具有接受高等教育所需的基礎知識和專業水平。

應試者由於其職業經歷的緣故，其年齡可以放寬到四十歲。通過了這種考試，便可進入高校繼續學習。但這種錄取方法並不適用於那些連續兩次未能通過文理中學畢業考試的應試者，他們已失去了參加這種應試的資格。

另外，聯邦德國每年接收大量的外國留學生入學。錄取外國學生的主要依據是學生在本國的學歷證明及學習成績單，以及通過德語語言水平考試的證明。若申請者的學歷證明沒有達到這裏大學入學水準，則可以先到大學預備學院就讀。通過了那裏的畢業考試，便獲取了進入大學讀書的資格。這種大學預科學院的學習時間，通常爲一年左右。

(2) 高等教育事業

如果談到德國的高等教育事業，特別是德國的大學教育，那麼，很快就會聯想到威廉・馮・洪堡（Wilhelm von Humboldt）這位世界偉人。正是他，在一八一〇年創立的柏林大學中，致力於推行其後來統治著德國大學教育整整一個世紀之久的教育思想：推崇單純的科學教育研究和高等教育，這些教育活動與學生將來的職業世界沒有任何直接關聯。然而，隨著現代工業社會的發展，這種洪堡式教育思想越來越不符合社會對大學的要求。爲此，這種教育思想一百年以來的統治地位，在現代工業高度發展的過程中，開始動搖了。高等學校的教育思想是隨著社會要求的變化而變化著。高校的形式和類型也是隨著社會的需求而改變提高和增加。

然而，衆所周知，處於一九三三—一九四五年之間的德國的高等教育事業卻變得面目全非了。納粹統治給這時期內的教育事業，帶來了不可彌補的損失：大批有名望有成就的德國猶太血統的教授、學者們，被迫流亡海外。各種大學間的國際交流完全中斷。獨黨獨制的野蠻作風替代了民主風尚，當時的大學教育完全喪失了其獨立性和科學性。一九四五年後，在告別納粹時代的同時，人們開始努力恢復德國的具有悠久歷史的高等教育事業。聯邦德國除了那些聞名於世的古老大學以外（如：海德堡大學、圖賓根大學等均有五百年歷史），又創建了一大批具有現代水平的高等院校，其中不乏許多在世界上享有盛譽的現代化大學。可以說，聯邦德國的高等教育事業是傳統與現代的有機結合。

(3) 高校類型

聯邦德國的高校可分爲下列三種類型：

一是科學高等學校（綜合性大學、科技大學、高等技術學校、教育學院、師範大學等等）。

二是藝術大學和音樂學院。

三是高等專科學校。

聯邦德國的高等教育事業之所以得到如此之快的發展，是與其不斷的教育改革緊密相關的。在這幾十年的高等教育事業的發展過程中，出現了許多嶄新的各具特色的教育模式，它體現在形式多樣的非統一模式的高校類型上，正是這些豐富多彩的高校形式，促進了聯邦德國高等教育事業的發展，使之達到了世界先進水平：

①大學

根據年代劃分，人們可以將聯邦德國的大學分爲兩大類：一類是傳統式大學；另一類是現代式大學。所謂傳統式大學指的是一九六〇年之前創建的高等學府。這些傳統式大學，除了幾所二次大戰後新建的大學以外（西柏林自由大學等），均具有十分悠久的傳統歷史。這些大學代表著德國傳統文化的精金。

凡是一九六〇年後創建的大學，均歸屬於現代式大學。這類大學一般有兩種創建之路：一是由一些著名的專家學者根據各種條件，制定出創建大學的具體方案。二是在專科學校的基礎上發展擴大成新型大學（如：曼海姆大學的前身是一所經濟專科學校）。與傳統式大學的另一個不同之處在於，新型大學不像傳統式大學那樣，分散在許許多多大小不一的分部之中，而是相對集中地分布在幾座大的教學樓中。雖說這兩種類型的大學之間存在著不少差別，但這種異同隨著傳統式大學教育的改革和現代式大學不斷吸取傳統式大學中的精華之處，而變得越來越小了。

大學畢業有兩種形式的考試。首先是國家考試。它指的是一種由國家有關部門組織，由專家組成的考試委員會所進行的統一考試，但這種考試僅限於爲數不多的專業範圍內（如：醫生、教師、藥劑師等）。其次是大學畢業考試，通過考試可以拿到相應水平的學位（碩士）。如果該生大學學習成績優秀，便可申請攻讀博士學位。德國大學實行兩級學位制（碩士、博士）

②綜合高等學校

這種類型的高等學校是聯邦德國六〇—七〇年代期間高等教育改革的新產物。它以各式各樣的形式相對容括了其他各類高等學校各種不同的教育思想和教學任務（如：大學、理工科大學、師範大學、高等專科學校以及藝術大學）。開始時期，人們致力於推廣這種新型的高校模式，試圖將所有各類不同的大學、高校擴展爲綜合性高等學校，然而，到了八十五年，這種新型產物終究因爲各種社會因素而未能得到新的發展。

自七十年代初起，聯邦德國共產生了十所綜合高等學校，但迄今爲止，有的已重新易名爲通常的大學。

③師範大學

師範大學的重點在於，爲小學和普通中學以及特殊學校培養合格的師資力量。但隨著學校教育體制的改革，師資培訓教育也隨之進行著變化。絕大多數州的師資培訓基本上是以定向培訓爲原則的，也即，根據不同類型的學校培養出不同類型的師資力量（如實科中學教師的培訓內容和方法不同於文理中學師資的培養）。爲不同類型學校培訓師資力量，多數已編入綜合性大學裏（如西柏林工業大學的教育系就有爲中學教育培訓師資的師範專業）。其培訓時間也各不相同，通常爲三—五年，其長短取決於那種類型的學校。總之，中小學師資力量的培訓在聯邦德國十分受重視，誰要成爲一名中小學教師，不僅需要有獻身教育事業的精神，而且要掌握多方面的知識及理論，並有相應時間進行實習，最後以通過國家考試或文憑考試爲準。

④藝術和音樂大學

所有公立的藝術大學（或學院）爲社會培養出大量具有一定水平的各種藝術專業人材。通常，藝術大學包括下列專業，如：建築、音樂、雕刻、舞臺設計、金銀製品工藝、版畫藝術、繪畫等等。要想進入藝術大學深造，通常需要有進入高等學校讀書的資格證明，如果沒有達到這種水平，一般是難以進入這座藝術聖殿的。除了上述條件外，學生尚需參加某種入學考試，以便檢驗應試者是否具備學習某種專業的基本條件（如藝術才能等）。

公立音樂學院則是專門爲社會培養所需的各種音樂人材（如指揮、教堂音樂師、學校音樂教師等）。與藝術大學要求一樣，學生在入學考試中，需要證明自己在音樂方面的能力。學生完成學業之後，可根據不同專業以不同的形式畢業（如：國家考試、文憑考試、結業考試等）。

⑤高等專科學校

高等專科學校是根據一九六八年各州之間的協議（統一各類不同的中高等專科學校）於一九七〇—七一年創建起來的。它兼容了過去的技術學校及其他類型的專科學校，其任務在於傳授與實踐相關的工程技術、經濟、社會、設計、農業、管理等多方面的知識，爲社會上不同的職業，提供相應的各種專門人材。此種學校與大學的區別在於它特別注重實踐，理論學習則相應減少，與此同時，各種與職業相關的實習活動也相應增加。

6. 高級階段Ⅱ

(1)繼續教育

該階段的教育學習仍然屬於正規學校的教育範圍。它的重點在於，對成人實施必要的教育，使其進一步得到進修深造，唯有這樣，才能在像聯邦德國這樣高度發達的工業國社會中不被淘汰，因爲，現代社會的各種勞動分工對人的素質的要求越來越高。要想在社會中參加競爭並取勝，那麼，就需要掌握更多的知識和技能。繼續教育至所以能夠得到發展，是因爲其具有非同一般的現實意義，也卽，學習和教育不能局限於青少年時期，而是應該伴隨終生，可謂學無止境。

繼續教育含有自身的特點，無論是內容上還是形式上，繼續教育與前幾個學習階段有所不同。首先，繼續教育的對象，通常都是在職人員或是已有職業經驗的成年人。這其中也包括家庭婦女，因爲，家務勞動在繼續教育這個特定含義中，與其他職業活動具有同等意義。再者，繼續教育可分爲職業和非職業繼續教育。所謂職業繼續教育指的是與職業相關的教育，如：職業培訓，職業轉換培訓等。所謂非職業繼續教育指的是與職業沒有直接關係的普通教育。

繼續教育在聯邦德國發展十分普及。從國家到地方，形形色色的組織機構都在進行著不同形式和內容的繼續教育活動。例如：工會、教會、企業，黨派組織等都在各自的範圍內發揮著繼續教育的作用，從而，構成了遍布整個聯邦德國的繼續教育網絡。據統計，每四個西德公民中就有一個參加了繼續教育活動。這種繼續教育的發展，給學校教育起到了某種輔助作用。這種由國家和地方同時進行的各具特色的繼續教育形式，恰好能夠適應和滿足不同學習參加者的不同學習目的、興趣、時間等方面的要求，而這一點是任何學校教育都難以達到的。

(2) 業餘大學

如果根據參加者人數和學習內容廣泛度來判斷，則業餘大學是聯邦德國最大最有影響的繼續教育機構。它分布在全國各地，因爲它一般是由鄉鎮級機構開辦而成的，而各州財政部門負責提供相應的資助。

另外，業餘大學除了普及以外，它的教育內容特別廣泛，可以說是包羅萬象，如：外語、信息學、健康學、管理、經濟技術、音樂藝術、家政、宗教、異國習俗等。業餘大學的教學手段也十分豐富多彩，除了講座形式以外，還有各種小組形式的討論會、交流會等。業餘大學的另一個特點是超黨派超和宗教性質的，它沒有爲任何政黨進行宣傳活動的義務和任務，也沒有給任何教會宣傳其宗教信仰的責任。相反，它爲所有具有不同政見和不同宗教信仰的人敞開自身的大門。

繼續教育參加者在完成了所規定的學習任務後，並通過了相應水平的考試，便可獲取一定的結業證書。例如：有人可重新補獲中學畢業證書，有的可以獲得進入大學讀書的資格。

總之，繼續教育有可能改善和提高學習參加者的職業狀況和職業地位。與此同時，也提高了學習參加者本人的生活情緒及個人素質，對其生活道路產生著不可忽略的影響。

六、結束語

聯邦德國的教育事業之所以如此發達，取得了令全世界矚目的成就，是與其擁有一套科學完整的學校教育系統和校外教育系統分不開的。隨著現代社會的高度發展，聯邦德國的教育範圍不斷擴大，教育科學種類由過去的單向型變爲多向型，由過去的幾種擴增到現在的幾十種。這些種類不同的教育科學，產生於發展中的社會（應社會發展的需求），又作用於社會（推動社會的發展）。總之，聯邦德國的教育事業是隨著社會的變化而不斷地發展，是隨著社會的變更而變化著，但無論怎樣風雲變幻，有一點是不變的眞理，卽教育是任何社會都不可缺少的推動力量。

參考書目

《聯邦德國教育》；Rowohlt 出版社出版；一九八四年印刷於漢堡；Max-Planck 教育研究所編寫組編寫。

《聯邦德國的學校和高等學校》；Böhlan 出版社出版；一九八九年印刷於科隆；Christoph Führ 編寫。

《教育學手册》；Schneider 印書館教育出版社出版；一九八六年印刷於舒爾茨堡；Helmwart Hitrdeis 主編。

聯邦德國音樂發展概況

林　華

一、音樂——德意志的驕傲

在歐洲文明發展史的璀璨星河中，各國文化以其獨特的精神面貌所煥發的風采光芒競相爭輝。與終年處於陽光普照的地中海畔拉丁民族相比，身居北方涼爽地帶的德意志人則要顯得更爲深思熟慮些。他們善於思辨，邏輯嚴謹。像高斯（C.F. Gauss, 1777-1855）、普朗克（M. Planck 1858-1947）、愛因斯坦（A. Einstein, 1879-1955）等那樣精微的數學家、物理家，像歌德（J.W.V. Goethe, 1749-1832）、康德（I. Kant, 1724-1804）、黑格爾（G.W.F. Hegel, 1770-1831）等那樣深刻的詩人、哲人接踵降生在這塊土地上，正是造物主對德意志民族獨特智慧的垂青。因此，音樂——這門僅靠無形的音符以嚴密格律編織的藝術——就必然受到德意志人的鍾愛，並成爲他們文化瑰寶中最燦爛的一頂皇冠。

毫無疑問，面對具有著這樣心理潛質和淵深文化傳統的民族，任何浩刼都不可能摧毀他們對音樂之神的虔誠和崇敬。一九四五年德國戰敗，當時餓殍遍野，四處斷壁殘墟，在這重建家園、百廢待舉的時刻，人們首先想到的就是音樂：兩名普通的帕梅爾斯凡登人倡議舉行巴哈節，意在用這位音樂大師的精神振作處在最困難時刻的德意志民族；慕尼黑人僅靠每日兩片麵包的配給，一年裏重建了創於一八九二年的慕尼黑音樂大學；柏林人一邊清理焦土瓦礫，一邊在籌措資金，一九四六年就辦起了柏林廣播交響樂團……。德意志人民正是以這樣虔誠、堅韌、認眞的態度，使德國音樂在戰後很快地又恢復了它在世界樂壇上舉足輕重的地位。

二、音樂創作思潮演變

1.荒年時期的補課任務

直至本世紀三十年代初，德國樂壇仍然是一片葱蘢生機：浪漫主義的最後一位大師理查・斯特勞斯（R. Strauss, 1864-1949）仍在揮毫作曲；而現代音樂的鼻祖玄堡（A. Schönberg 1874-1951）以及他的兩個弟子魏本（A.V. Webern）和伯格（A. Berg, 1885-1935），對傳統的反叛正在逐漸形成體系。然而希特勒上臺後的倒行逆施，使德國音樂史中斷了十多年。因此戰後文化修復工程的首要課題，就是要對那些處於荒年時代成長起來的青年音樂愛好者們進行補課，讓他們了解在一九三三—一九四六年間，世界樂壇出現過那些劃時代的傑作，早已風靡全球的十二音創作技法是怎麼一回事……

一九四六年，音樂評論家，達姆斯達特市(Damstard)文化顧問斯坦涅克（W. Steineck, 1910-1961）在該城舉辦了「國際新音樂假期講習班」。在這個教室裏，對於現代音樂一無所知的青年作曲家們終於續上了十二年前斷了的線索。本世紀以來所產生的各種音樂流派及其發展，諸如新古典主義、後印象主義，以及他們的同胞亨德米特（P. Hindemith, 1895-1963）所提倡的遊戲音樂等，擴大了他們的視野；擴展調性和無調性的寫作技法，特別是玄堡開創的序列技法——這是一種用盡十二個半音爲旨，並以其各音出場序爲基本思維依據的技法——練熟了他們的技巧。講習班很快地成爲現代音樂創作和理論的大纛，曾經開拓了現代音樂作曲理論的國內外先驅者們，如阿多諾（T.W. Adorno, 1903-1969）、哈巴（K. Haba, 1898-1972）、克申涅克（E. Krenek 1900-）、梅西安（O. Messian 1908-）、瓦列士（E. Varese 1885-1865）等，都先後在這裏授過課。達姆斯達特一時成了世界現代音樂中心。甚至許多在本國原是默默無名的作曲家，唯有得到這裏的承認之後才有可能在國內獲得名聲。布烈兹（P. Boulez, 1925-）、李蓋蒂（G. Ligeti, 1923-）等都是首先在德國樂壇嶄露頭角而聞名於世的。

與此同時，向音樂愛好者普及現代音樂的工作也在進行著。西德的許多電臺在這方面起了很大的作用，他們不僅通過「夜間樂壇」播放現代音樂的名作，而且還向作曲家約稿、組織各種系列音樂會，支持新人新作上演。最著名的有慕尼黑的「音樂萬歲」系列音樂會、多腦辛根的「現代音樂節」、科隆的「音樂時代」、漢堡的「新作」和不來梅的「未來音樂新星」等專題節目。劇院和交響樂團在安排演出曲目時亦十分注意扶持現代作品，幾乎每季度至少有一部上臺。毫無疑問，絕大多數的贊助總是投向古典音樂的排練和公演的，祇是個別對先鋒派較爲注意者才有爲數不多的捐贈，但不管怎樣，這些方方面面的支持，使西德樂壇順利地完成了「補課任務」。

2. 序列主義——魏本文藝復興

傳統音樂中，人們追求和諧的美。爲了使這種和諧顯得更有意味，人們又在它的到來之前引進了不和諧。爲了使自己作品中的不和諧與衆不同，人們又競相追求不和諧，以至最後把和諧都拋卻了。

浪漫派以來音樂中越來越多地出現的不協和音、頻繁離調、變化和弦等等，其結果導致和聲曖昧、調性解體，傳統音樂思維賴以存在的基礎隨之分崩瓦解。玄堡借助數序編織這些陷入一盤散沙狀態音符的方法，爲現代音樂開拓了思路。由於達姆斯達特講習班和各地電臺大力宣傳玄堡及其二位門徒魏本與伯格的作品與技法，五十年代的西德音樂可謂是序列主義一統天下。除了音高系統之外，人們嘗試著在音樂表現因素的其他系統運用這一原則。勃拉歇爾（B. Blacher, 1903-1975）在他的「鋼琴奏鳴曲」中設計了一種「多變輕重律」，即把各種不同節拍的小節連續成序，並使這種秩序逆行、對稱、反轉等變化出現。斯托克豪森（K. Stockhausen, 1928-）在他的「組合」、「對位」中，把節奏、音色、力度等系統均加以數序編織，很多作曲家都熱衷此道，在克來伯（G. Klebe, 1925-）、奧特（H. Otte, 1926-）等人這一階段的作品中，均可找到例證。

序列主義在德國產生，戰後又風行一時，這或許是德意志人善於思辨的民族天性之使然，亦或許是對四十年代被法西斯推崇的反理性的唯意志論之反動。總而言之，這終究是人們對理性的一種禮讚。由於當時興起的符號論、系統論、結構論等現代美學思潮影響，自然界的有機性、有序性原則亦被用以解釋藝術創作，把作品看作是許多微小完形系統化結構組合的結果。因此，魏本那種以簡潔爲原則的微型序列創作方法，在五十年代能夠引起作曲家們的興趣，並成爲新先鋒派的起點，這是決非偶然的。

3. 由全面控制向偶然主義轉化

假如說，人們在玄堡當初用十二音技法寫成的作品中尚能感到作者對其時現實的憎厭，那麼，全面序列所織成的網篩則把作曲家的主觀情感過濾得一乾二淨。這種創作方法無疑是對創作者本人的自我否定。作曲家里赫姆（W. Rihm, 1952-）在談到這一時期的音樂創作時認爲，「這像是自我閹割般的令人噁心。」

事物發展到了極端便往往走向它的反面。對理性思維創作法的興趣很快轉向對柏格森直覺主義的研究。自然科學領域中概率論取代因果論，測不準原理的闡述，模糊邏輯學說的興起，使作曲家亦嘗試著在自己作品中運用這些原則。他們用非限定量記譜法，給演奏者們某種程度上的有限自由以處理細節。他們寫出一些或爲總體確定而細節隨意，或則反之，甚至二者均可不確定的作品。如現任西德佛來堡音樂院教授的胡伯（K. Huber, 1924-）所作的「圖形」，總譜上畫了各種圖形以提示演奏者在既定範圍中即興。又如齊默曼（B. A. Zimmermann, 1918-1970）的「靜止與逆轉」，樂隊的四十二個樂器中有四、五個可以在任何時候隨意演奏。這些反嚴格控制的作品被稱爲隨機音樂或偶然音樂。

4.反思與綜合

本世紀以來，音樂語言中各個表現因素，諸如音高、節奏、音色、織體等，幾乎都被作曲家們單獨提取出來，做盡各種實驗了，這正應驗了「合久必分」的俗話。然而，恰如西德音樂發展所表明的那樣，無論是各種表現因素的全面序列化控制，還是有限或無限的隨機偶然，作曲家的主觀心緒總像隱藏在二片盲公鏡後的眼睛那樣令人難以捉摸。種種摒絕情感的作品，人們很難以聽覺感受它。縱然有千般精緻的預設邏輯安排。這種失去廣大聽衆的藝術實驗，日顯老化。七十年代以來，人們開始冷靜地反思現代音樂所走過的路程及其得失了。

一部分作曲家重新考慮藝術與現實生活的關係。西方政治形勢和社會生活的風雲變幻，例如爭取民權運動、反對冷戰抗議示威等，早在六十年代中期就引起作曲家的關注，亨策（H.W. Henze, 1926–）把自己的清唱劇「木筏『梅杜薩』號」獻給格瓦拉，在第六交響樂中又援用了越南南方解放陣線歌曲「夜晚的星」。胡伯亦有「輕蔑、奴役、遺棄、藐視」等政論式的作品問世。

另一部分作曲家認爲該是「分久必合」的時候了。他們企圖借助綜合的手段尋求新的出路。

綜合的方式是多種多樣的。把傳統與現代思維熔於一爐是較爲常見的形式。例如李蓋蒂的歌劇「崇高的死亡」中，怪誕而緊張的現代音響與格律嚴謹的傳統曲式結構結合，形成有趣的新風格；拼貼主義則是另一種意義上的綜合。齊默曼在他的「生光序曲」中把貝多芬第九交響樂、瓦格納歌劇「帕西法爾」、巴哈「勃命登堡協奏曲」等六個名作片斷和自己的作品片斷蒐集在一起，構成所謂「風格對位」；將既有作品主題加以現代技法的處理改寫，這是綜合主義的又一表現。例如基爾希納（Kirchner, 1942-）根據舒曼、馬勒、勃拉姆斯等古典大師的主題音調，予以發展變化，寫成了他的第一交響樂。

作曲界的反思，使七十年代的西德樂壇掀起了一陣懷舊的熱潮：各大歌劇院和交響樂團競相演出馬勒、理查・斯特勞斯的作品。連急先鋒斯托克豪森也翻出箱底久存的、作於一九五一年的小提琴小奏鳴曲。理論界對玄堡二個弟子的態度亦隨之轉變。因其作品滲透浪漫氣息而曾受冷落的伯格，如今對他的崇拜又超過了魏本。早期現代音樂的理論家、作曲家席林斯基（A. Zemlinsky, 1871-1942）和施列克而（Schlegel）幾十年前被譏爲保守，此刻也得以恢復名譽。

5. 浪漫主義回歸運動

當前，參加新音樂角逐的作品，大致上可分爲三類。第一類是所謂音響層面結構體。它是一種禁忌型的創作方法，作曲家在種種嚴格的限制下寫作。一切屬於自由的水分被蒸餾乾了之後，剩下的就是作品。李蓋蒂可謂代表，他常用微復調技巧，構成東方式的細微雕琢，地毯般的稠密織體，奇譎變幻的色彩。但這一切都以表情的喪失爲代價的。

第二類則是所謂簡約派風格，即把音樂限制在聽覺最低接受能力的水平，不要旋律、不要結構、不要發展、不要高潮……等。韓裔德籍作曲家尹伊桑（Isang Yun, 1917）有很多這類風格的例譜。在他作品中，常是不同聲部以大致相同的方式演奏同一個音或極簡單的音型，幾乎自始至終。

第三類作品被稱作是新浪漫主義。它是七十年代以來傳統與現代綜合的繼續。最顯著的特徵是調性思維以不同的姿態重返舞臺。目前被評論界認爲最有才華的中青年作曲家，如博塞（H.J.F. Bose）、里赫姆（Rihm）、施魏尼茨（Schweinitz）等，他們聲言調性、和聲是自己追求的目標。他們願意自己的作品深刻、清晰、千姿百態、充滿激情。里赫姆以他的歌劇「雅各布・蘭茨」體現了自己的美學追求，施魏尼茨則用三和弦與音塊在調性基礎上結合的方法，寫下他的「莫札特變奏曲」。

綜觀西德音樂發展，在短短半個世紀裏流派紛呈，層出不窮，這充分說明了作曲界思想活躍、創造力強。當然，其中亦有不少激進派從一個極端倒向另一極端的情形，這也說明了探索新音樂者的困惑。在樂聖故土上作爲一個作曲家，面對的是千百萬深深熱愛古典音樂的貝多芬的同胞，他決不可能永遠置聽衆不顧。誠然，現在評論新浪漫主義的得失，似乎爲時過早，然而音樂走向聽衆，這是這門藝術發展大勢所趨了。

西德的音樂創作能有如此繁榮局面，這與他們善於汲取其他民族文化長處有關。戰後的德國一度被四強分管，英、美、法、蘇各國的種種藝術流派、學術見解給本國人才已嚴重流失的德意志文化帶來了不可抗拒的影響。這使得西德新音樂從它一開始就帶有強烈的兼容並蓄的世界性。同時，西德樂壇所發生的一切亦可說是當今世界音樂發展過程的一個縮影。

三、音樂學術理論建設

在整個西方音樂學術界中，聯邦德國的理論研究一直處於倍受注目的地位。他們的一些學者，往往本身既是哲學家，又是音樂家；例如法蘭克福哲學流派的代表人物阿多諾（T. W. Adorno, 1903-1969），早年曾隨伯格學過作曲。戰後積極組織音樂活動，偶還上臺指揮樂隊或任鋼琴伴奏。另一位哲學家布洛赫（E. Bloch, 1885-1977）在慕尼黑大學求學時，亦曾系統地進修過音樂。他們對這門藝術的興趣和敏銳感受能力，使他們寫下了許多對音樂家們具有雄辯說服力的論著。其次，由於西德在地理位置上緊鄰蘇聯及東歐社會主義陣營諸國，那裏的學術界圍繞斯大林的語言學所進行的熱烈討論，亦引起這裏學者們的關注。因此，西德的音樂美學研究，在整個西方音樂界有著十分重要的地位。

1.音樂美學

戰後初期，德國的音樂美學著作並不多，一九五三年莫塞（H.J. Moser）發表的《音樂美學》，大抵敘述這門學科的發展歷史，內容和方法都較爲陳舊。次年出版的胡伯（K. Huber）亦祇能代表戰前的研究水平。屬於存在主義流派的哈特曼（N. Hartmann）在他的《美學》一書中有部分篇章論述了音樂美學。最近還有康拉德（L. Conrad）的人格主義音樂美學。然而在這一學科中影響最大的是達爾豪斯（C. Dahlhaus, 1928–）和舒瑪赫（G. Schuhmache, 1939–）的著作。

達爾豪斯是當今世界著名的音樂學術界的巨擘。戰後發表的著作有《音樂美學》（一九七六）、《絕對音樂思想》（一九七八）、《音樂的現實主義》（一九八二）、《什麼是音樂》（一九八五）等。在那本被學術界公認爲權威著作《音樂美學》中，達爾豪斯從十個方面梳理出傳統音樂美學的基本脈絡，論述了二十世紀現象學音樂美學，表明西方音樂美學發展至今，是由作品的外部條件研究轉向其內部本質的探討。在《絕對音樂思想》一文中，他認爲浪漫主義音樂美學的中心範疇就是絕對音樂思想。儘管這一論述與傳統的論述有很大差異，但這結論是建立在對歷史事實的深刻分析基礎上的，因而具有雄辯的說服力。達爾豪斯對於蘇聯及東歐的音樂文化和音樂美學問題亦有細緻的研究，一九八二年發表的《音樂的現實主義》一書，從西方馬克思主義學者的角度，討論了音樂中的黨性問題、反映論問題以及社會主義現實主義與資產階級現實主義的區分問題。達爾豪斯的著作，被認爲是充分體現了當代美學普遍特徵的，即歷史主義與客觀主義相結合的態度。

舒瑪赫（G. Schuhmacher, 1939-）是西德音樂美學界的一位後起之秀。在一九七三年發表的《音樂美學》一書中，他把六十年代至七十年代西德音樂美學發展，歸納成三大流派：一是以波蘭音樂美學家麗莎（Z. Lissa, 1908-）爲代表的馬列主義音樂美學。舒瑪赫認爲蘇聯及東歐近來的一些著作，基本上擺脫了教條化的影響，能夠眞正地運用馬列主義對音樂美學問題進行有效的探討，因而在西德有著頗爲廣泛的影響。二是以盧卡契(G. Lukacs, 1885-1971）爲代表的反映論音樂美學。盧卡契把音樂作爲一種自律的、絕對的藝術，音樂的明確性、反映力和表現力應當以此爲根據。在音樂中，所謂再現生活形象是極爲次要的；音樂對現實的反映，是曲折的，是對內在生活的折射。三是以加達馬（H. Gadamer）爲代表的哲學闡釋學流派。按照加達馬的理論，一部作品自問世之日起，就成了一個客觀之物，亦即人們意向的對象，從而在社會和歷史中獲得自身意義。因而力圖廓清作品的原貌既無可能，亦無必要。對音樂文化遺產既要作出現代的審美判斷，就必須對各種傳統概念予以重新解釋。加達馬的體系無疑是方法論的一次革命。舒瑪赫的另一部著作《音樂美學導論》，就「怎樣理解音樂」的問題，對歷史上有關形式、表現、內容、反映、時間結構等範疇的論述作了歸納。

施奈德（R. Schneider, 1908-）是結構主義布拉格學派在德國的代表人物。他的《音樂符號學》（一九八〇）一書闡述了符號學觀點在音樂美學和音樂分析學中引起的變革和探索。

2. 音樂社會學

阿多諾在戰後發表的《新音樂哲學》（一九四九）和《音樂社會學導論》（一九六二）等著作，是他戰前主張的美學思想的繼續和發展。他從社會學和藝術哲學的角度出發，對現代審美方式作了研究。阿多諾認爲音樂和社會是一個相互制約的整體。現代音樂把人的失望、苦惱轉化爲音響，從而對現實表示抗議。由於音樂是無概念的藝術，它能使人超脫現實，因此，現代音樂具有拯救絕望的作用。阿多諾的音樂美學理論，對戰後西德作曲界和理論界有極大的影響。

布洛赫在戰後的主要論著有〈音樂中的超限和最富張力的人類世界〉（一九五九）、〈音樂的數學本質與辯證本質〉等論文十餘篇。布洛赫明確提出要用歷史唯物主義異化論觀察世界。他認爲斯特拉文斯基的作品，是用新古典主義掩飾著的晚期資本主義激海增的異化。這是向著主客體截然對立的原始時代的回歸。布洛赫讚揚伯格的歌劇「伏采克」，認爲它表現了受壓抑的人性渴望。

音樂社會學近來在聯邦德國受到高度重視，一九六八年有布勞科普夫主編《音樂社會學論文集》，柏林的佛恩波爾特大學、普魯士文化音樂研究所等還組織了一系列的講座與研討會等，並將成就結集出版。

3. 音樂史學

按照達爾豪斯在《音樂史基礎》一書中的論述，以往的音樂史只是對個別名作的分析，或是對作品產生的社會背景的考證。他認爲音樂史應該是文本、演釋和接受三者結合的評述的學科，作品的發生及其在歷史上的效用都應當論及。根據這一觀點，現有的音樂史都應重新編寫。另一位著名的音樂學家艾格布雷希特（H. Eggebrecht, 1919-）於一九七〇年撰寫了《論貝多芬接受史》，把接受美學運用於音樂史學。作者認爲由於不同時期不同意識，使今人對古典遺產有權作不同解釋，這是合理的。目前在西德已經出版了以接受美學觀爲指導的十九世紀音樂史研究叢書四十卷以上了。

四、音樂教育

音樂教育在德國有著悠久的傳統。早在十八世紀初，作爲啓蒙運動和法國大革命的結果，德國的舊式學校開始一系列教育結構的改革，各級學校都增設了音樂課程，一七七五年尤金（K. Eugen, 1737-1793）首先在斯圖加特的卡爾修勒學院設置了音樂科，成爲德國最早的專業音樂學校。因此，無論普通音樂教育還是專業音樂教育，在德國已有二百多年歷史。在一般國民心中已有根深蒂固的觀念：音樂修養是作爲一個完整的人必不可少的素質，沒有音樂欣賞能力，就沒有健康的心理活動。第二次世界大戰後，聯邦德國人民經過艱苦努力，終於建成了相當完備的音樂教育體系。

1. 專業音樂教育

西德現有十六所音樂學院和十一所高等音樂專科學校。這些高等音樂學府中有很多百年以上的名牌大學，如創於一八五七年的斯圖加特音樂學院、創於一八六九年的柏林音樂大學等。這些學府由各州獨立管轄，聯邦教育部門制定一些基本管理原則，並給予科研經費和基建方面的資助。這些州立國家級學府都享有自治權。在西德，沒有私立的音樂院校。

學校設有校長一名，副校長一至二名，由選舉產生，選舉結果由政府認可生效。每六年換屆一次。校長必須是聲譽卓著的藝術家，副校長必須具備教授資格。學校設有校務委員會，由正、副校長及教師、職工及學生代表組成。另設有以副校長爲首的監督機構。各系設有系委會，由教師、代表組成，任期二年，但負責人往往可連任。

高等音樂學府課程由聯邦政府教育部統一規定，但各州亦可根據不同的實際情況略有改動。一般音樂院校都設有作曲、理論、指揮、樂器、聲樂等系科，有些還設有師範和宗教音樂系。學習年限大抵爲四、五年。由於西德實行免費教育，校內又有很好的福利，如收費低廉的宿舍和食堂、半價的交通費和六折優惠的學習資料供應，因此有不少學生長期呆在學校不肯畢業。

德國注重人才的全面發展，學校並不苛求投考新生必須具備十分艱深的表演或創作的技巧，相反，唯有充分掌握各門基礎課程知識，才有可能通過一個全面的合格標準。例如報考指揮系的學生，專業上的要求僅僅是指揮一首五分鐘的管弦樂小品；但與此同時，他得掌握通奏低音、嚴格對位、四部和聲等寫作技術；並且須演奏約十五分鐘不同風格的鋼琴曲；進行總譜彈奏、辨音視唱的測試，最後還得通過配器法、曲式學、音樂史的口試。入學後，學校對主科的要求卻是十分嚴格的。以表演專業爲例，學生除了修畢各門學科外，尚須舉行二小時左右的獨奏音樂會，還得通過一項艱深曲目考試才能取得畢業文憑。如能獲得考試委員會推薦，留校深造二年，還可參加「獨奏（唱）家」稱號的考試，但這一頭銜已屬國際水準了。

高等音樂學院的教授在治學上享有充分的自主權。各專業沒有固定的教學大綱，各學科亦不設教研組，教授對自己的教學質量負責。雖然從整體上看來，西德各名牌音樂學院有十分雄厚的師資力量，擁有不少知名度甚高的權威，但教學水平卻常常因人而異，相差很大。由於二次大戰前後人才嚴重流失，而目前聯邦德國擁有相當的經濟實力，更兼它在世界樂壇的地位，因此造成了各音樂院校大部分教授都來自國外的情況。以作曲界爲例，就有瑞士的胡伯、匈牙利的李蓋蒂、阿根廷的卡格爾（M. Kagel, 1931-）、南韓的尹伊桑等分別出任佛來堡、漢堡、科隆、柏林等地音樂學院教授之職。這些來自於不同學派、不同文化背景學者的滙合，使聯邦德國音樂教育避免了學術上近親繁殖所帶來的弊端，而更利於取長補短、促進文化發展。

總的說來，教銜的評定是以學術水平、社會影響作爲衡量標準的，這種情況下，教師的教學質量顯得並不十分重要；但有時亦反之，給那些從事教學多年，但學術影響平平的教師擢升。後者在社會地位、薪金待遇方面較前低。理論與作曲專業的教師，須有碩士或博士學位，以及在學術界頗有影響的論著，才具備參加被評審的資格；表演專業則以社會影響，與論評價爲據。那些有名的教授經常公開自己對高級學生的教學，以擴大影響。參加的學生往往還包括已經畢業的青年獨奏（唱）家、專業教師等。課堂上以討論研究爲主，並輔以示範；教學內容和演奏曲目十分廣泛，前來旁聽觀摩者趨之若鶩，甚至不遠千里從國外趕來親睹爲快。

和藝術的各個領域一樣，音樂教育界也同樣受到現代意識的衝擊。雖然目前許多教授仍然恪守傳統、堅持嚴謹、系統的治學作風，但亦有不少人對此進行反思，企圖尋求更科學、更符合時代潮流的新穎教學法。例如表演專業歷來以示範教學爲主，教師本身就是著名演奏（唱）家。因此這種傳統教學法既有說服力，也卓有成效。但亦有人主張取消示範，旨在提高學生的獨立思考能力，以加強理論分析、啓發提示的新方法代替示範法。總的說來，理論作曲專業方面，由於戰後樂壇上各種流派迭起紛呈，因而在教材內容、課程設置以至教學法上都有不少變化。而表演專業則顯得較爲保守。初級教學方面尚有幾本新教材，如小提琴專業的沃爾夫（Orff）、謝林（Seiling）等，而中級、高級教材曲目則仍以德國古典音樂佔絕對優勢。

學生的藝術稟賦都很好，修養全面，理解力強，且有創造性，但各專業水平參差不齊。或許與德意志民族重思辨、重論理，嚴謹而持重的氣質有關，幾所名牌大學的作曲理論專業學生頗有水準，而表演專業的學生水準則相對地要遜色得多。就舞臺表演領域而言，合奏（唱）、重奏（唱）的水平又要高於獨奏（唱）。自巴哈以來的德國古典大師幾乎都擔任過宮廷樂師，他們的創作活動常常以室內樂形式體現的，而且本人還在其中擔任演奏，即便在十九世紀，室內樂的創作在德國音樂文獻中仍佔有極大的比重。因此，在聯邦德國高等音樂府中，室內樂活動十分活躍。儘管重奏課並不屬於必修課程之列，但學生們非常明確參加這項活動對提高自己藝術修養的重要意義。有時校方出面，利用假期爲學生組織重奏研究班，聘請名家指點，學員經考試後錄取，交付學費，過夏令營式的集體生活。這項活動受到普遍歡迎。

2.師範音樂教育

聯邦德國的一些高等音樂學府設有教育系或師範專科，其主要目標是培養中等音樂學校的器樂、聲樂專門教師和中小學音樂教師，此外還培訓一些私人教師。學習期限一般爲四年，爲了適應社會實際情況需要，中學音樂教員還必須進修第二專業，如體育、外語等。這些系科十分重視對學員進行教師素質的培養。上課時常以討論式、實踐式爲主。例如每個學員都必須以自己同學爲對象，教他們獨奏（唱），或指揮他們合奏（唱）。在這邊實踐、邊討論的過程中，學員們可以積累許多教學經驗。

學生在畢業時除了參加一般音樂學科的考試之外，還要關於教育學、心理學的考試和教學實習的成績。通常這一項目須有教過初學者和較高程度者的經驗爲據。考試及格後作爲見習教師在各中小學任教。這一期間內他們工作量約每周十二課時左右，爲正式教師的一半，這樣安排便於見習教師有時間返校補修一些課程。一年半後，他們須參加取得正式資格的考試。其內容包括教材教學法、教學管理法以及第二專業課等項目。一些專業音樂團體的表演人員如想轉業爲中小學教師，亦必須進教育系補修各類教育學課程，並參加教師資格考試，才可取得執照任教。

綜上所述，我們可以看到西德對音樂教育重視的程度。他們不僅有完備的教育體系，還有一套嚴格的管理方法，這就充分保證了國民音樂教育的質量。

3. 普通音樂教育

聯邦德國的普通音樂教育主要有二個管道：一是幼兒園及中小學的音樂教育，一是中等音樂學校。前者作爲國民教育結構中的一個重要組成部分，後者主要爲專門音樂人才培養後備力量。

幼兒園的音樂課每周一次，主要寓音樂於遊戲之中進行，其目的在於誘發學生對音樂的興趣。各地普遍採用奧爾夫教學法。這是作曲家奧爾夫（C. Orff, 1895-1982）於一九二四年與友人金特（D. Günther 1913-）合辦「體操—音樂—舞蹈學校」時所創立的幼兒音樂教育體系，它在強調節奏同時，要求兒童通過自己有意識的形體活動，如敲擊一些簡單的打擊樂器和演唱短小的歌謠等，以深化對音樂的感受能力。

中小學的音樂課中舞蹈佔有很大比重。教師通過音樂—舞蹈的訓練，培養他們的表現力和節奏感。此外，教師亦十分重視合唱、合奏的訓練，使學生自幼便接觸多聲部音樂。這些活動增強學生對音樂的美感鑑賞力，也訓練了他們的合作協調能力。

中學的音樂課程前期是必修的，後期可改爲選修。按照教育部門制訂的方針，音樂不僅是唱歌，還應當包括欣賞和演奏器樂和接觸一些理論。因此隨著年級增長逐步增加上述內容，讓他們了解音樂與社會關係、音樂自身發展歷史、音樂的形式、結構及音樂的本質等知識。到了畢業班時，還要讓學生接觸非歐洲體系的音樂，擴大他們的視野，與此同時，他們還應了解一些與音樂有關的行業情況，如錄音技術、音樂出版、廣告音樂等。

公立音樂學校是專業音樂人才培養系統的第二梯隊。這樣的學校在西德約有七百多所，遍及聯邦各州。凡十萬人口以上的城市都起碼設有一所。它大抵是二次大戰後由一些私立音樂學校調整合併改組而成。這類學校行政機構簡單，一般只有正、副校長各一名，秘書二、三人。專職教師一般不超過二、三十名，其餘均需聘請兼課教師。所有教師至少需高等音樂學教育系畢業，學生年齡從四歲至十八歲，只須報名，額滿爲限。沒有學制，不設考試，亦無學歷。學生繳納少量學費，學校的經費四分之三由政府文化部門津貼。

四至六歲的學齡前幼兒班以識譜、辨認樂器爲主。入學後的兒童班選修鋼琴或弦樂等樂器，管樂則從十二歲起。主科每周上課一小時個別課，一小時集體課，以便進行齊奏、合奏、四手聯彈等項目的教學。共同課科目繁多，從視唱練習、樂理、直至音樂史、作品分析等。校內每周舉行演奏會，並且組織不定期對外公演。如果學生從四歲入校，能堅持至中學畢業，就有相當的音樂水平。無論繼續深造或是轉向業餘愛好活動，都有廣濶的廻旋餘地。它避免了學生自幼擇定終身專業所帶來的心理壓力和知識面狹窄的弊端。這是以業餘方式進行的專業方式教育，也是高水平的普及教育，有利於整個國民音樂水準大面積的提高，因而很受社會歡迎。

五、音樂生活

德國是音樂之鄉。對這裏的每個人來說，誰的生活中沒有音樂，誰就談不上在眞正地生活。若以每天聆聽二小時音樂爲樂迷標準的話，聯邦德國人口的三分之一，約二千萬都可歸入這一行列。有一萬五千名作曲家在從事不同類型的音樂創作。有十五萬三千名職工分別在二萬八千個音樂產業中工作。他們每年製造和出版的各種音響器材、唱片、樂譜、樂器等約值二百億馬克。

德國自古以來就未有過中央集權制。文化生活呈現出多中心的特點，音樂之聲遍布各地。每晚有各種不同形式的音樂會、歌劇在七十二個音樂廳裏上演。每年可售出門票二千萬張，這是足球聯盟舉行球賽門票九百六十萬張的二倍多，人們喜歡訂戲劇或音樂會的長期票。這種長期票的制度在德國十分普遍，人們爲整個演出期事先訂一套十個或十二個劇目的票。在一些劇院裏拿長期票的觀衆達全部觀衆人數的九〇％。因此西德的音樂生活繁榮多彩。

1.音樂節

一九四八年柏林被分而治之。音樂生活陷入割裂、封閉狀態。爲了克服這一危機，從一九五一年起，人們採用音樂節的方式打破文化隔閡。現在西柏林每年九、十月份有爲期五周的「柏林文化月」，舉行獨唱、獨奏音樂會和歌劇、芭蕾的會演。在聯邦德國，有種種不同主題的音樂節。有的帶有講習班性質，如「多瑙辛根音樂節」；有的旨在推行某種流派的音樂，如以鼓吹現代技巧與異國情調結合的「形而上」音樂節；有專門研究某一大師作品的會演，如拜壘特的瓦格納節；有的是國際比賽，如慕尼黑的音樂節；有的限於某種樂器，如巴特赫斯費爾德的管風琴節等。這些花色繁多的音樂節大大小小有三十二個之多。

2.音樂社會組織

聯邦德國既有龐大的音樂行業，就必定有各種行會組織，它們性質各不同，有的是行業性的組織，如德國作曲家協會、德國音樂教師與音樂會演奏員工會等，這些行會約有十七個。它們旨在保障會員的經濟、社會地位。而德國音樂理事會是音樂界的最高機構。有的則帶有鮮明的傾向性質，如聯邦音樂青年建設監察會等，這一類的社團有三十三個，有的是學術團體，如新巴哈學會、貝多芬學會等，在德國，這類學會有三十個。也有些協會帶有俱樂部性質，如德國合唱協會及其六個下屬協會等。此外還有許多國際音樂組織在德國設置的常設機構，如設在科隆的國際音樂教育協會（ISME）、設在多瑙辛根的國際青年音樂組織（IIMYP）、在卡塞爾的萬國樂源存檔館中央秘書處、在西柏林的國際比較音樂研究所等，它們約有五、六個之多。德國音樂理事會（Deutscher Musikrat）是音樂界的最高組織。

3.音樂設施及媒介機構

西德有各種音樂博物館二十個，它們大抵爲古典大師們的故居，如今供遊人瞻仰。大大小小的音樂圖書館有四十八個，一般都對外開放，備有豐富的樂譜及音響資料，爲研究者及愛好者服務。各種雜誌三十八家，其中不少刊物創立於十九世紀，至今仍擁有不少讀者，它們評論筆鋒犀利，在音樂生活中有著指導意義和權威地位。目前全國有十一個國立、州立及協調性質的電臺和電視臺。它們播放音樂節目的時間佔全部播音時間的五分之三以上。電臺經常以約稿形式支持作曲家探索，電視臺亦撥出經費，攝錄大師的表演活動，爲諸多私淑弟子提供了揣摩的方便。八十年代以來政府還允許私立廣播電臺開業，這些電臺大抵都是出版界財團經營，目的爲了推銷其音樂出版物，因此均以播放音樂爲主。唱片企業在西德共有三十五家，其中包括經銷全球的十一家世界有名的超級公司。

一千座位以上的音樂廳，在西德有三十三家。其中有建於一六七八年的漢堡歌劇院，它毀於二次大戰砲火，一九五三年又重新修築。有二千座位的西柏林音樂廳建於六十年代初期，它是計劃中西柏林文化中心的一部分。它有四五層樓高，外形猶如一頂金皇冠。從屋頂、包廂、樓梯直到樂池、大廳，都是多邊不規則的結構，這是現代建築師沙朗的傑作。落成於一九八六年的科隆大劇場被譽爲戰後最佳設計，由李浦漢主持，它的音響效果爲音樂家們稱道，交混回響時間可達二・一秒；法蘭克福大劇院由二座連在一起的演奏廳和歌劇舞臺組成，它建於一七八二年，一九八一年重建後氣派更顯恢宏，內部裝飾美侖美奐。

4. 演出團體

聯邦德國共有五百多個規模不等的各類樂團，它們經文化部門考核後，被分成五個級別，最著名的有建於一八八二年的柏林愛樂樂團、一八九三年的慕尼黑交響樂團以及戰後新建的柏林廣播樂團等；有些樂團亦有悠久歷史和聲譽，但受經費拮据影響，演出質量下降而凍結在二等級別，如埃森的卡瑟爾樂團、威斯巴登的達木樂團等。西德有許多聞名全球的室內樂隊，如斯圖加特室內樂隊、慕尼黑巴哈樂隊及柏林阿瑪蒂重奏團等。此外還有一些專以古代樂器演奏古代音樂的樂隊。慕尼黑古代音樂實驗樂隊、科洛尼恩西斯樂隊等是其中最有名的，他們常在施韋沁根或波默斯費爾等地的巴洛式城堡中演奏巴哈作品，這種夏季王宮音樂會很受歡迎。

業餘樂隊是一支不可忽視的力量，其中包括各音樂學院的樂隊和各地的青年交響樂隊。德國高等音樂學府都設有樂隊，一般至少有二至三個演奏水平不一的雙管樂隊，通常每學期公演一二次。青年交響樂隊是由國家資助的業餘樂隊。其中演奏級別參差不齊，有國家級、州級、市級、區級等各異。市一級的樂隊成員可利用業餘時間排練，每周一次，而州級的樂隊只能利用節假日活動，由州政府負責車旅津貼。這些樂隊隊員可從演出收入中分成，但金額微薄，僅能貼補巡廻演出的個人支出，然而隊員們積極性很高，他們珍惜的是參加樂隊的實踐機會。

專業合唱團體大都隸屬於全德合唱協會。業餘及各學院的合唱隊有三十五個，此外尚有宗教界的唱詩班，它們採用歌唱學校的形式，讓隨團學員邊學習邊演出。像這類傳統的教會歌唱學校有二十二個；世俗性質的有三十九個。聲樂演出力量中最受世人注目的當屬歌劇院。德國的歌劇院都具有悠久歷史，除上文提到的漢堡歌劇院之外，尚有西柏林、慕尼黑、斯圖加特、法蘭克福、科隆等地的歌劇院，很多世界名作經它們首演而聞名於世。

5. 音樂家

聯邦德國雖有一萬五千名作曲家，但其中僅有一千名知名度較高者可謂眞正以作曲爲業，其餘一萬四千名還須輔以副業維生。這種情形恐怕全世界都差不多。除了本文第一部分介紹的一些各種流派的激進代表人物之外，這裏還應提到一些在二次大戰期間保持沉默，戰後又積極投入音樂社會活動，包括組織系列音樂會和譜寫新作的作曲家哈德曼（K.A. Hartmann, 1905-）、奧特（B. Otte, 1926-）、福特納（W. Fortner, 1907-）等，他們的作品在德國近現代音樂史上起著承前啓後的橋樑作用。二次大戰期間因受納粹迫害流亡美國的二位現代音樂鼻祖玄堡和亨德米特，在美國繼續譜寫作品，他們的成就仍然是德國音樂文化的一部分。

表演藝術家在國際樂壇上聞名的有出身於奧地利的指揮家卡拉揚（Herbert von Karajan），在他長期指導之下，柏林交響樂隊成爲國際上第一流的樂隊。此外還有多納尼（C. Dohnanyi, 1929-）、薩瓦里斯（W. Sawallisch, 1923-）和施泰因（H. Stein, 1928-）、基倫（M.A. Gielen, 1927-）等後起之秀。鋼琴家中有老一輩的肯普夫（W. Kempff, 1895-）及年輕的埃森巴赫（C. Eschenbach, 1940-）、弗朗茨（J. Frants）、查哈利亞斯（C. Zachrias）等。小提琴家有安娜-索菲姆・特爾（Anne-Sophie Mutter）、赫爾舍（U.

Hölsher）、齊默曼（Zimmermann）等。曼海姆弦樂四重奏組、柏林十字山弦樂四重奏組、謝魯比尼弦樂四重奏組以及馮乃特鋼琴三重奏組都是世界室內樂壇上的佼佼者。鮑曼（H. Baumann）的圓號、邁（A. May）的大提琴等同樣地爲世人所知。

西德的詹姆斯・拉斯特（James-Last）和馬克斯・格雷格爾（Max Greger）輕音樂隊馳名環球。命名爲「現代話」、「紅桔之夢」等流行樂小組在國際上初露頭角，它標誌著起步雖晚的西德流行音樂已經走向世界。唱小曲和抗議歌曲的傑出代表人物是沃爾夫・比爾曼（W. Biermann）、德根哈特（F.J. Degenhart）、哈內斯・瓦德爾（H. Wader）、克勞斯・霍夫曼（K. Hoffmann）和萊因哈特・邁（R. Mey）。在一九八二年歐洲流行歌曲大賽中，女歌星尼科勒（Nicole）獲勝，因而引人注目。而西德的爵士樂早已以它的自由速度和精湛演技在各國競爭對手中贏得讚譽。

未知的文化力

——戰後德國新聞理論

郭恆鈺

這是筆者一九六二年撰寫的舊稿，主要介紹戰後一九六〇年，德國新聞學者格魯特博士的七卷鉅著《未知的文化力——新聞學原論》（Otto Groth: *Die unerkannte Kulturmacht, Grundlegung der Zeitungswissenschaft* （Periodik） Band I: Das Wesen des Werkes, 645 Seiten. Verlag Walter de Gruyter Co., Berlin 1960）中的第一卷：〈本質論〉的重要內容。

當時八十七歲的格魯特博士是唯一以新聞著述為職志而從未在大學教過書的新聞學者，自從一九一五年獲得博士學位後，格氏一共寫了三部鉅著：《新聞》（四卷，一九二八——一九三〇）、《德國新聞學史》（一九四八）及一九六〇年脫稿的《未知的文化力》。但是，這七卷論述新聞原論的鉅著，卻化去了他三十五年的悠長歲月。

格氏以為新聞學是研究人與人的關係，即以主觀的、社會的關係為對象的學問；是研究物與人的關係，即以客觀的、文化的關係為對象的文化科學。因此，新聞以及「輿論」的研究應屬社會學的範疇，至少，它的研究有藉助於社會學及社會心理學的必要（卡爾・布雪，韋恩及馬克思・韋柏都曾有過相似的主張）。但格氏的觀點，並不為正統派的新聞學者所苟同，後者認為傳播學（Publizistik）是一門獨立的科學。格氏則強調從新聞學（Zeitungswissenschaft）到傳播學只是名詞的一大躍進，缺少理論的支持。因此，格氏主張新聞學是一種研究定期刊物（報紙、雜誌）的科學：Periodik，《未知的文化力》旨在究明報紙及雜誌的本質，從而為 Periodik 建立一個完整的理論系統，基此，格氏新著的重要意義是，它為理論新聞學的研究，指出一個新的方向。

報紙有四個特徵：定期性(Periodizität)，綜合性(Universalität)，現實性(Aktualität)及公示性（Publizität）。這四個特徵形成報紙的本質，構成一個整體。

一、定期性

每一報紙都有它的理念，但這一理念自己卻永遠無法具體表現出來，因爲報紙是一個整體，所以它是非物質的。報紙的理念，祇是被報紙的號數具體化，被報紙的份數物質化。而號數的持續出現，又以定期性爲前提，沒有定期性，報紙的理念勢將無從眞實化。因爲這個關係，我們可以把報紙的定期性視爲報紙理念的一部分。另一方面，定期性表示了一個時間概念，一個重複出現的時間段落，一個時間段落的起點和終點及其與此一時間交點的客觀關係。

報紙在某一相同的時間交點的重複出現，並非定期性所要追求的目標，定期性的理想是，儘最大可能縮短兩個時間的交點的距離，換句話說，使事件的發生與報紙的出刊，在同一時間完成。這是一個無法實現的理想，定期性的時間尺度，應視人類之自然的、文化的、社會的條件的影響始能決定。具體地說，對於報紙的發行方式、頻度及發刊鐘點、技術的進步、通訊機構的設備、生產能力、運輸情況、郵政、鐵路、人口密度及分佈，一國的政治、憲法及行政、住民的生活習俗、傳統及教養水準，特別是報紙之間的競爭，都深具影響。不過，從讀者方面來看，嚴格的準時性及規則性，並非多數讀者的要求；嚴格意義的定期性應爲整個報社組織之精神的、經濟的、技術的生產能力的規標。

沒有定期性，報紙的理念無從表達，而綜合性、現實性及公示性亦因之難以付諸實現。祇有定期性才能在根據讀者的要求、習慣和需要而決定的時間交點、時間尺度，不斷地向讀者報導來自一切生活領域的現象和事件。由於報紙能不斷地與讀者保持接觸，兩者之間的密切關係才因而建立，才因而得以繼續維持。報紙定期地重複出現，並以生動的內容刺激讀者的需要，養成讀者的閱讀習慣，樹立讀者對報紙的信賴，從而建立兩者之間的密切結合，並且進一步使此一結合達到一個不可動搖的地步。報紙和讀者的關係如果到了這一境界，其意義已非僅是經濟的、政治的和娛樂的，也是情感的、心靈的。這一持續不斷地內在的和心靈的關係，對報紙有著決定性的經濟意義。更重要的是，它對讀者精神方面的深遠影響；它使動搖的掌握了自己、使軟弱的堅強了自己、使無所謂和懷疑的改變了自己。

二、綜合性

報紙必須定期地重複出現，其理念始能藉生動的，豐富的內容而得以表達。但報紙的內容或「素材」又是什麼呢？

每一個人的生存都是客觀世界的本質。對於這一事實，人們只能在他自己的生活範圍中，自己的視界內，自己的自我世界裏體驗到。人們總是把他的自我意識的單一性視爲整體的單一性，視爲自己的四周的、外在的和共同的世界。每個人都在不斷地追求一個較高的目的，因此，每個人的自我世界愈是逐漸擴大，其對此一世界的關係愈感關切與複雜。另一方面，人類的相對世界也因來自內外的影響而不斷地改變其面貌，對於此一相對世界的觀察，使我們看到了定期刊物得以成長的根源。在這裏，新聞學找到了它的基本主題，同時也觸及了哲學上的根本問題：「我與世界」，「我與你」，「我與文化、自然及社會」。

對個人而言，相對世界愈是擴大、充實、複雜、強化，個人對於此一相對世界的參與愈感生動與積極。因爲這個關係，個人就需要藉助於較準確的、較完美的、較迅速的手段來充實自己，保持自己與外界的聯繫，交換經驗，俾能應付和適應此一相對世界，而使自己成爲主人。今天，在許多不同的手段中，報紙、雜誌，卽爲其中之一。報紙以其豐富的內容，恆久性、快速性、準確性、頻繁性向讀者報導有關其相對世界之自然的、文化的、社會的現象及事件；提供有關一切文化及生活領域的重要知識。基此，我們可以說，報紙的綜合性實爲新聞科學的基本理論。

在相對世界裏，祇有「現在」是最重要的。昨天已成過去，明天尚未到來。祇有今天是「存在的」。在自我保衛、自我發展的生存中，人們必須永遠在現在而且和現在鬥爭。祇有在現在，人們才會感到什麼是有益的，什麼是有害的。另一方面，現在也同時決定了回顧和前瞻。祇有在現在和從現在人們才能緬懷過去，宣判昨天；祇有從現在，人們才能瞻望將來，從而決定在今天應做的是什麼。現在，我們可以了解，報紙是什麼，報紙的希望及報紙的內容又是什麼。報紙是傳播相對世界重要知識的媒體。在這一意義下，報紙才是「綜合的」，而且它也必須是「綜合的」。在相對世界裏，只有現在是最重要的；只有在這一意義下，報紙才是「現實的」，而且它也必須是「高度現實的」。

報紙要在綜合性的空間範圍內，儘量收納有關文化、自然、社會領域的一切事件和現象。因此，綜合性是報紙內容的空間概念；它表示了一個量關係：即報紙的內容及與讀者有關的相對世界的實際「素材」。在兩者之間的量關係中，綜合性似乎說明了一個客觀的關係，但實際上，它卻反映了主觀的趨向。此主觀的趨向是反映在當爲報紙內容的素材的取捨與撰寫的瞬間過程中。報紙要向讀者報導與其相對世界「有關的」，對讀者「最重要的」，爲讀者「最感興趣的」。但讀者所要看的，並非儘同，讀者的意見亦不一致，而讀者個人的相對世界亦因人而異。因此，報紙要儘可能地收納無數「素材」，反映所有意見。從這一方面看，報紙又是非統一的與充滿矛盾的，也是分裂的與躊躇的。事實上，報紙內容的綜合性就是非統一的和充滿矛盾的；不必統一，也不可能統一，對讀者而言，報紙永遠是一個「半成品」，而且，它必須如此。因爲綜合性表示素材範圍的可數性，並非內容的完美性。

報紙的綜合性只能而且永遠是某一時代在某一地方的綜合性；它受著歷史的和空間的限制。具體地說，自然的、技術的、經濟的、社會的、政治的、學術的、藝術的，習俗的和宗教的知識和觀點，都深具影響。從整個文化和整個社會的需要和創造所產生的新領域，也是綜合性所受到的一般限制。譬如從報紙發展的歷史過程來看，報紙的經濟內容無論在語言、論調或素材方面，都有著驚人的擴展。而社會上的某些勢力亦對報紙的內容有著某種程度的直接或間接的影響。

此外，民族的因素也是拘束報紙綜合性的一個原因。報紙應該刊載些什麼，不應該刊載些什麼，通常因民族而異。國家的發展，報業的處境，一個民族的性格、命運、過去和現在，都是形成報紙內容特性的因素。從這裏我們看到綜合性反映了某一民族在某一時代的文化生活和社會生活。但這一反映，並不是「客觀的」。因爲它受了人類「精神」、希望、能力及情緒的影響和主觀的束縛。因爲它被整理過，編寫過，有時它又爲便利、疏忽、膚淺、情面、友誼、仇恨或利益，或在職務和強制下而虛構其事。但這些事實，並不是對報紙具有最後和決定性的影響的。我們知道，報紙的任務，並非絕對客觀地向讀者反映一切生活領域的眞實情況，而是從這一眞實情況中選擇和報導什麼是與讀者的相對世界有關的現象，事件和知識。有人說：「新聞是一面鏡子！新聞的大部分是讀者的願望和嗜好的忠實反映」。但是，這面鏡子上也有許多是他自己所看不到的死角和盲點。因爲這個關係，報紙有時是不可靠的，『歪曲的』。雖然如此，報紙對於認識相對世界並非毫無意義。但人們卻不能把它當作『鏡子』」。

三、現實性

現實性，有兩個意思：它表示實在的，事實的和有結果的；它也表示現在的，目前的和嶄新的。但現實的未必與嶄新的一致。因爲後者是說一個到現在未被人認識的主體發現了。所以，它不是一個時間概念。而現實性則是一個純粹的時間關係或兩個時間交點的時間關係；卽把現在所發生的在現在報導出來。光陰似箭，時不我與。在每一分秒出現之後，卽成過去。什麼是「現在」呢？在人類的意識中，現在永遠是向前擴張的。對我來說，在我當前的生活情況裏，在現在所發生的一切現象和事件，都是「現實的」；因爲由此而引起的心理反映、關心和行動，並不像分秒的出現，轉瞬卽成過去，因爲只有人類是生活在昨天、今天和明天。

現實性是報紙的特性之一，因爲它報導新的、現實的社會現象和事件，因此，它表示了一個時間的量關係或時間間隔：報紙公布消息的時間交點和此一消息發生的時間交點。這兩個時間交點的間隔，是被「現在」的概念統一和聯繫起來的。因爲這個關係現實性也是一個報紙內容的時間概念。任何報紙都在努力使報導消息和發生消息的時間間隔儘量縮短，甚至使兩者之間的距離爲零。不僅如此，報紙還要跳出現在的時間範疇，進一步地展望將來。報導在現在已經計劃的、準備的、著手實施卽將在將來見諸實現的事件。

有人認爲「競爭」——不論是對內的還是對外的——是造成現實性的原因，事實並非如此。人類對認識其相對世界，生活領域需要最快的情報，才是眞的因素。無論就經濟的或精神的價值而言，如果報紙忽略了這一現實性，卽將成爲一張廢紙。在資本主義的經濟制度和社會裏，現實性是造成競爭的原因，正如它對其他領域的影響一樣。

從報紙的內容來看，許多素材是非現實的，是與客觀的現在不發生關係的。這種非現實的內容（文學的、理論的、藝術的等等）不受時間的影響和限制；它可以永遠是「現實的」，也可以「主觀的」被現實化，因爲它有長久的價值。讀者的整個生活領域就是報紙內容的基本範圍。因此，這一基本範圍又是綜合的；它包括了現實的，也收納了非現實的。

綜合性的組織是鬆弛的。它向平面擴展，而其擴展的過程又是寧靜的，因此，它是「敍事詩的」。現實性向一個時間交點集中。它向高處伸張，而其伸張的過程又是尖銳的，因此，它是「戲劇化的」。但綜合性與現實性是報紙中的一個單一體；在同一時間，一個向平面擴展，一個向高處伸張。兩者的作用與影響是相互的。如果報紙漠視現實性，忽略讀者對現在的關心和利益，它對現在的讀者就不具意義，綜合性亦因而失去了它的價值。

四、公示性

公式性和定期性一樣，是報紙形式的第二個特徵。它表示一件事物的公開性和普遍接近性。換句話說，公示性有兩個意義：現實的公示性和潛在的公示性。

公開性和普遍接近性是公示性的一種形式，這一形式使報紙得以到達生活領域中的每一角落。因此，公示性又是報紙的空間概念。綜合性的對象是報紙的內容，它要把任何事件的素材都收納在它的空間範圍裏；公示性的對象是人，它要透過綜合性把所有讀者都集中起來。從這裏，我們知道，公示性又表示了一個量關係：就綜合性言，它是內容的量；就公示性言，它是讀者的數。理想是，綜合性卽爲實際素材的總合，公示性卽爲與此一素材總合相等的讀者。理論上，這是可能的，但實際上，則永遠是個無法實現的最高理想。譬如，每一報紙的讀者和發行數字就限制了它的公示性。

現實的公示性受了兩個中心圈的限制：公示性的內圈和外圈。在公示性的內圈，報紙的公示性失去了作用。因爲在這一內圈的人與外界缺少或根本沒有聯繫，因之，對報紙，不感需要。在文化、交通、經濟、發展落後的地區，報紙也同樣無法生根成長。就是在文化發達的國度裏，有些團體基於自然的或社會的理由，沒有報紙也同樣可以滿足其需要。公示性外圈的發生，係因報紙的公示性對某些人過「遠」。過遠可以從兩方面解釋。某些人有閱報的需要，但它自己不能滿足這一需要。譬如盲人不能閱讀，窮人不能購讀。另一方面，在綜合性和現實性的要求下，報紙不能克服與之俱來的諸多困難。譬如空間的距離。

就報紙的本質而言，報紙只能在某一空間的和在社會的範圍內，滿足讀者對其相對世界的現在的需要。報紙的公布範圍愈廣，讀者圈隨而擴大，讀者的利益和興趣因而複雜，公示性所需要的時間亦因而增多。沒有一張報紙可以忽視這一事實，同樣也沒有一張報紙願意也不可能克服這一困難。每一報紙都因而被迫地從整個生活領域中選擇自己的生存空間（限制自己的公示性），劃定地理的及社會的活動半徑，決定新聞空間並在這一空間中根據綜合性的原則蒐集素材，根據現實性的原則向讀者報導。新聞空間的決定不是絕對的，而是相對的，它應考慮到報紙內容的現實性及綜合性，因爲報紙愈接近公示性的最大邊界，其讀者的數字即將隨而下降。任何報紙都想同時滿足現實性及綜合性的要求，但沒人成功。因爲這個關係，在理論上，每一報紙都有它自己的新聞空間。換言之，每一報紙都有一個「公示性強度的邊際法則」。這在這一邊際法則的影響下，新聞學的發展不是集中的，而是分裂的。地方版就是克服公示性強度的邊際法則的手段。

從新聞學的發展、生活過程來看，公示性的深度（公示性的密度）有著顯著的趨向。

在綜合性與公示性所製成的限界內，一張報紙對那類讀者，多少讀者是普遍接近的，胥視時間的及地方的情況而定。而國家、憲法、行政、人口的密度及分佈、社會組織、經濟制度、交通、生產技術，遠者如時代的思想、民族的性格、教養水準等，都具影響。報紙的公示性如果向下發展，則公示性向平面的擴張就受到了限制。換句話說，垂直的（社會的）公示性愈向縱深發展，平面的（區域的）公示性愈是收斂。縱的公示性與橫的公示性恰成反比關係。任何報紙都有一個共同的目標，透過它的公示性把各個階層都變成自己的讀者。在這種情形下，唯一的手段是：豐富的內容，使任何人都能找到自己所要的東西。但這樣一來，報紙內容的寬弛性就提高到一個無可忍受的高度。報紙必須在縱橫之間，強度與強度之間做一抉擇。如果報紙的公示性決定向縱深發展，就必須顧及下層讀者的興趣期待；帶給他們與日常生活有益的、實用的東西，降低內容的水準（易於理解）。如果公示性向平面發展，則不能只是注意區域的興趣，而應提高對其經過挑選的讀者之精神貢獻。沒有一張報紙可以滿足所有人的所有需要。傳播的強度與較低的精神水平，公布的強度與較高的精神水準，兩者永遠是相對的。

公示性的重要意義是說，它是一扇大門；透過這扇大門報紙送達讀者的面前，報社的各個生產單位也因之與外界取得了聯繫。因爲公示性的範圍與性質同時影響了其他三個特徵，是報紙應首先決定公示性的空間及社會階層，其次才是取材的多寡和複簡，最後則是現實性與定期性的時間尺度。另一方面，報紙讀者的數量及性格又決定了報紙的版面和論調。在這裏，讀者又間接地影響了編輯部門。報紙的對象是讀者，目的是爲讀者服務。因此，報紙就不能無視讀者的意見與興趣。這裏反映了報紙的附屬性格。但這並非說，報紙本身毫無獨立意義，永遠爲羣衆牽著鼻子走。報紙能否獲得讀者的信賴及尊重，始終是一家報紙的發行人及記者的個性及品德問題，以及能否履行報人信條及實現其創刊理念的問題。

報紙從它與讀者之間的關係不斷提高和接近，獲得了經驗及鼓勵。這一相對的給與取，使報紙擴大了它的影響。由於此一影響的不斷擴大，報紙乃成爲創造社會生活的有力動力。

五、結論

如上所述，綜合性與現實性是屬於報紙內容方面的特徵，定期性與公示性是屬於報紙形式方面的特徵。這四個特徵形成報紙的本質，同時也構成新聞科學的主題。只有包括這四個特徵的整體，才是「報紙」，才是新聞科學的客體。

如上所述，四個特徵都是量概念，其相互間的量關係是在一定的關係秩序下存在的。換言之，兩個時間概念（定期性與現實性）的時間間隔與兩個空間概念（綜合性與公示性）的空間隔是相互作用的，相互依存的。兩者之間的機能與作用，可用數學法則：

y＝f（×）表示出來。卽A愈大（小、狹、強），B亦愈大（小、狹、強）。或A愈大而B愈小，A愈小而B愈大。

1. 報紙素材的綜合性愈大，則報紙的公示性、普遍接近性、潛在的讀者層亦愈大。反之綜合性的空間愈小，報紙的公示性亦愈小。因此，公示性爲綜合性的機能之一：PU＝f(U)。

2. 報紙的素材愈是現實的，則報紙必須增加其出現的頻度，或縮短現象的公布與其發生的時間交點的時間間隔。反之，如這兩個時間交點的時間間隔愈長，則報紙出現的周期，亦可拖長。因此，定期性是現實性的機能之一：Pe＝f(A)。

3. 根據上記兩項公式得知，報紙愈是現實的，綜合性的空間愈大，則報紙必須頻繁出現：Pe＝f(U＋A)；則報紙的普通接近性及潛在的讀者層亦隨而擴大：Pu＝f(U＋A)。

如將兩式合併則爲 Pe＋Pu＝f(U＋A)

4. 反之亦然：U＝f(Pu), A＝f(Pe), U＋A＝(Pu), U＋A＝f(Pe＋Pu).

略字說明：U＝Universalität 綜合性

A＝Aktualität 現實性

Pu＝Publizität 公示性

Pe＝Periodizität 定期性

f＝Funktion 機能

當格氏對構成報紙的四個特徵詳細剖析以後，始論及報紙的定義，做爲《未知的文化力》第一卷〈本質論〉的理論總結，同時亦爲進一步闡釋新聞學原論的開始：

報紙是一個文化工具，它並非對某些在事前已經選定的人數和人物，而是對無限的接受者（公衆），在要求和可能的情形下，連續地傳播在無限逝去的現在過程中隨時在接受者的對立世界（四周環境及共同世界），特別是在生活領域各方面所發生之現實的，或現實化的事物（事實、判斷、構造）的知識。

肆、「德國模式」

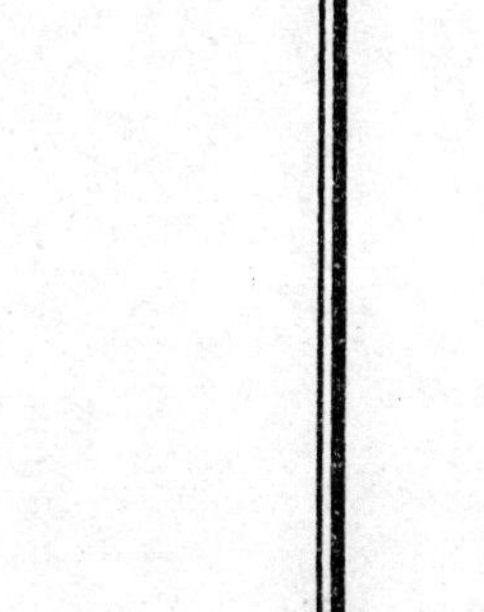

德國的分裂與統一

姚朝森

戰後的國際政治，曾存在有四個分裂國家：中國、韓國、越南、德國，分屬兩個社會體系，並互作競爭，試圖統一對方。而截至目前，只有越南已由越共用武力統一，並實行共產制度。中國和韓國，雖然已互作探索接觸，但仍然各掛各的國號，奉行各自的體制，其統一問題，尚未引起國際間重大的爭論。

然而唯一非屬亞洲的分裂國，歐洲的德國，卻在這一年來歷經一場目不暇給的變動後，正迅速而和平的走上統一之路。由於德國的分裂，既是其挑起戰爭的後果，也是列強權力競逐的產物，而兩德的興衰，更是東西集團勢力消長的指標，所以四十年來，關於其統一問題的爭論，從未間斷，也可以說，德國統一問題，是近代國際政治的核心之一。

這個核心問題，在可預見的短時間內，即將會煙消雲散。隨著東歐局勢的鉅變，走社會主義道路的東德也在迅猛的轉向，轉到他另一個實行不同體制，卻有驚人成果的同胞國家這一邊來，而西德也正以寬宏而細緻的心，幫助他的兄弟再站起來。統一後的德國，是否會再造另一個德國問題，是無法斷言的事，然而其在走這條艱辛而漫長的路時，所表現的理性、互重的精神，卻實有足多者。

本文重點式地回顧四十年來的兩德關係和國際關係，並着重他們彼此如何對待，至於到頭來誰勝誰負，或者說那個意識型態贏了，則無意判斷。

一、德國的分裂：一九四五至一九四九

一九四五年五月八日，納粹德國宣佈無條件投降，歐戰結束；同年六月三日，英、美、法、蘇四強發布聲明，全面接掌德國的統治權。於是由俾斯麥於一八七一年藉「鐵血政策」所建立的帝國，徹底瓦解；而發動總體戰爭，意圖統領全歐霸權的希特勒政權，亦告總體崩潰。德意志民族隨之納入四強的權力體制，開啓一段包含意識型態、國際權力競逐和民族統合等意義的「德國問題」史。

1. 四强的目標

戰後初期，根據同盟國在戰爭期間所舉行的連串會議所取得的協議，德國於一九三七年既存的舊版圖被分成八塊；東普魯士北部由蘇聯、南部由波蘭瓜分；歐得河和奈澤河一線以

東歸屬波蘭；而今日的東德領土由蘇聯，西德由英、美、法等國佔領軍分區暫管；至於柏林，則由此四國的佔領軍組成聯合指揮部共同管理。這種勢力分配，便是德國於一九四九年分裂後的版圖依據。

然而德國的分裂，卻非是西方同盟國始料所及的。雖然同盟國鑑於德國在本世紀中，曾連續兩次挑起大規模歐戰，爲禍鄰邦，故在雅爾達會議中，決定分區佔領德國，加以懲罰，並重新安排歐洲新秩序，以制止德國再興起侵略。但他們也決議，等到成立一個全德政府後，卽簽訂對德和約，以結束佔領狀態，讓德國復歸統一。其在六月五日接掌政權的聲明中卽指出：「要掃除軍國主義和納粹思想……同盟國不企圖消滅或奴隸德意志民族，同盟國的目的，乃在藉此給予德意志民族一個重建民主、和平生活的機會。……如果能達成目標，德意志民族便可再獲統一。」換言之，對德意志民族施行民主教育，以謀歐洲國際關係的穩定，是同盟國對德政策的首要目的。而在同年的八月所舉行的波茨坦會議中，亦再次協議要建立德國經濟統一體和民主秩序。德國雖然被分區佔領，但只是過渡措施。所以各佔領軍統帥在各佔領區內雖具有最高權力，亦應受由同盟國代表所組成的管制委員會(Der Kontrollrat)的約束。同盟國並設立外長會議，討論對德和約問題；決定在同盟國的監督下，成立德意志中央政府。至於有爭議的波德邊界問題，亦將在對德和約中討論解決。

2. 同盟國的分裂

然而這些目標，後來卻受到列強的利益和意識型態所限，而無法達成。尤其是在對德經濟政策，和如何建立德意志政府的問題上，一直無法取得一致的共識。蘇聯的立場是，成立中央集權制的德意志政府，並且堅持要德國賠償一百億美元的戰爭損失；而法國則表示，要求萊茵區和薩爾區脫離德意志，魯爾工業區由國際共管。英、美政府則認爲，德國雖然應該被剝奪再發動戰爭的潛力，但更重要的是，德意志民族應該維持其工業發展的能力，以建立一個繁榮的聯邦制民主國家，才能更有助於歐洲整體的復興和穩定；兩國政府也不贊同法國的提議。

此後至一九四九年間，四強外長曾一連召開了六次會議，以謀求解決歧見的方案。結果不但徒勞無功，而且隨著蘇聯建立其附庸國的軍事行動，美蘇雙方歧見日益加深，終至各自發展其佔領區的政經體制，而造成德國的分裂。

蘇聯自一九一七年建立共產政權後，曾遭逢外國軍隊的入侵，同時蘇維埃秉持其共產主義信條，推行其「解放世界」的政策，故亟思先在其周邊建立附庸國，作爲與資本主義世界的緩衝區，再進而擴張共產主義的勢力。二次大戰後，蘇聯已乘勢席捲東歐，更欲進一步染指南歐。故除在希臘扶植共產勢力外，並向土耳其強烈要求在達達尼爾海峽建立「共同防禦」基地，試圖藉此以形成包圍西歐之勢。

這種態勢引起西方同盟的疑懼。同盟國本想藉對德和約以重建歐洲和平秩序的構想，遂轉而先求整合西歐的政策，於是有馬歇爾經援計劃和杜魯門主義的施行。美國依據馬歇爾計劃，從一九四八年四月至五一年底止，共援助包括西德在內的歐洲同盟國計一百二十億美元，讓他們重整戰後經濟，穩定社會秩序；另外，藉由美國外交官肯南（G.F. Kennan）發表文章，銓釋杜魯門總統以圍堵共產勢力發展爲主的政策方針。依據肯南的觀點，認爲蘇維埃政權將因其政治領袖們的權力鬥爭而造成分裂；並因其專注於發展重工業以推行侵略，必會導致經濟落後，社會混亂的後果，而終至自我崩潰。因此西方國家應傾力圍堵蘇聯集團十至十五年，以等待其轉變。所謂以美蘇爲首的東西方集團間的冷戰，於焉開始。

這種關係，也反應在雙方對德政策上。雙方一方面在外長會議中針鋒相對，一方面則在各自佔領區內，加緊推行各自的重建政策。在前三次的外長會議上，蘇聯力主德國應行中央集權制的原則，並堅持德國的賠償責任；而美國亦指責蘇聯在各佔領區內的經濟剝削行爲，以及同盟國的管制委員會的無能，不能使德國經濟發揮整體運作的功能。美國更表示，如果德國的完全統一，一時無法完成，則美國將盡力促使德國在可能範圍內先求統一。而至馬歇爾計劃開始實行後，蘇聯更指責此計劃是奴役德國的武器，並拒絕西方所提，四個佔領區合併的計劃。於是在一九四七年十二月倫敦會議結束後，美國下令斷絕蘇聯從美佔領區取得德國工業設備的賠償。一九四八年二月，西方三強和荷比盧三國在倫敦集會，同意成立西德政府，並授權西方佔領區的各邦總理，舉行聯席會議，召集制憲會議，以籌備成立西德政府。三月蘇聯退出管制委員會，並由在東柏林舉行的第二屆「人民會議」中，設立「德國人民會議」做爲臨時性的全德政府。

3. 德國政黨的歧見

兩德的分立，至此出現雛型。這種結果，當然是有悖於列強自己所定的波茨坦協定。然其原因除了列強之意見衝突外，也牽涉到戰後德國政治家的態度。

反納粹式獨裁政治和追求民主統一，是戰後德國政治家的共同認知。前者在四強共同主導的「非納粹化」運動中，起初雖雷厲風行，後來則因列強關係的尖銳化而於一九四八年停頓。至於如何建立民主體制，則各佔領區的政治家，各有不同的看法。

美區的政治家較傾向於美國當局的主張，由下往上建立聯邦，所有機構經由民主選舉；英區的，基本上與美區一樣，唯更強調分權式的統一國家；法國佔領當局則態度更含蓄，甚至想禁止佔領區政客的接觸。不過西方佔領區的政客在當局的默許下，仍積極從事復黨、建黨活動。首先是社民黨在舒馬赫（K. Schumacher）領導下復黨，以議會民主、社會主義經濟制度爲綱領，強調民族統一的「發展過程」，堅持反對共產主義。稍後由天主教徒、自由主義者和保守主義者，共同組成基民盟和基社盟，並在艾德諾（K. Adenauer）領導下走西方路線，主張社會市場經濟。而一些自俾斯麥時代卽已建黨的自由主義黨派，雖未取得共同政綱亦重組成自民黨。

至於蘇聯當局，則早在佔領之初，卽已積極培養親蘇黨派，以備如果照蘇聯要求，成立中央集權式的德國政府時，能爲己用。所以於四五年七月，聯合蘇區的德共黨、社民黨、基民黨和德國自由民主黨，成立「反法西斯民主黨派統一戰線」，並賦予「發展民主的領導角色」。隨後並於四六年強迫德共黨和社民黨合組成「德國社會主義統一黨」（SED），此黨在東德建國後，一直是執政黨。

爲整合各黨對德國統一，建立民主的歧見，曾於四七年由拜揚邦總理耶哈德(H. Ehard)出面邀請各區政治領袖集會。然而並無具體一致的成果。在蘇區代表團抗議其政見未獲採納之下，分道揚鑣，唯一一次有望建立全德政府的機會消失，自此在列強的推移之下，先後成立了兩個德國。

4. 兩德分立

四八年八月，西方三國佔領區之間的旅行限制取消，並根據二月的六國倫敦會議成立西德政府的決議，於九月一日組成制憲會議。各黨派代表基於威瑪共和的經驗，並爲防止任何獨裁的再現，配合十九世紀的自由民主觀念，而制訂了「西德基本法」，作爲全德再統一前，規範西德政治體制的依據。此法經三個佔領軍當局同意，西德十一個邦議會批准後，於四九年五月二十三日公布。九月，西德舉行大選，自民黨的侯依斯（T. Heuss）當選總統，基民盟的艾德諾當選總理，並由基民盟、基社盟、自民黨和德意志黨組成聯合內閣。

蘇區的人民會議，則於三月十九日批准東德憲法，於聯邦德國成立後，改名爲「人民議院」，並於十月七日正式成立德意志民主共和國，由皮克（W. Pieck）擔任國家主席，格羅特渥爾（O. Grotewohl）出任總理。

兩個德國雖然已成爲兩個政治實體，但在各別憲法中都宣稱具有建立全德共同組織的權利，並都肯定德意志民族再統一的遠景。基本法明定德意志人民經由自決，以達成再統一的權利義務；此法並適用於所有願意加入聯邦的德意志各邦。東德憲法亦於第四條肯定，只有一個德意志國籍。唯東德於六八年再訂憲法時，揚棄此項訴求。

柏林本屬四強共領的特別城市，但後來亦隨兩德而分裂。四十八年六月，蘇聯當局封鎖柏林，切斷其與西區的交通，其民生物資率由空運，直至四九年五月止。而在蘇區的德國社會主義統一黨的部分黨員，因爲反對原由四區各黨所組成的柏林市政會議，要遷往西區的決議，而另組新的柏林市政府。稍後東柏林並成爲東德政府的首都。

不過這種發展，並不阻礙柏林仍由四強共管的特殊地位。依據基本法規定，西柏林雖爲聯邦一員，可推選二十二名議員參加聯邦國會，但沒有表決權；聯邦國會所定的法案，必須經由西柏林議會同意，方能在西柏林生效。而東柏林代表在東德人民議院亦無投票權，其法案亦需經特別程序，才能適用於東柏林。整個柏林市最高主權，仍在四強手中。

二、對立時期：四九年至六九年

兩德分立後的前二十年間，統一呼聲雖然不斷，但由於雙方各自堅持己方爲「正統」的立場，所提方案都有「整合」對方於己方的意圖，故統一工作不但無所成；且在外交上，隨著東西方冷戰，而相激互斥，雙方關係遂推移至絕境，有待後二十年的新局面。

此時期西德政府對兩德關係的基本架構是，從法律繼承上而言，西德的管轄權乃承自於三七年所建的德意志帝國，故代表全德意志民族之「正統」；兩德再統一和統一後的體制，只能經由全體公民自由投票來決定。而這項體制，依西德政府的看法，很明顯的，就是西方集團的生活方式。至於東德則認爲，德意志帝國早於四五年終戰時已崩潰，尤其四九年兩個德國分立之後，此帝國根本已煙消雲散，西德何來「正統」！而東德更負有爲德意志民族帶來眞民主的歷史任務；兩德統一過程，則應是先合組「全德建設委員會」，籌備制憲、組織臨時政府和選舉等工作。

這兩種觀點，有著列強的利益，也有著兩國政治精英的意識型態歧見。

1. 列強對德政策的歧見

對列強而言，兩德的分立，固然可鞏衞各自集團的安全利益，如果能再透過和平方式將統一的德國納入己方，則誠屬事之美者。然而二次大戰後，德意志已成歐洲政治的軸心問題，美蘇兩集團沒有一方願意放棄對其德意志佔領區的控制。在當時的思維裏，一方獨得德意志，便是另一方全然的損失。何況當時美國的核子獨佔已爲蘇聯打破，沒有一方願冒核戰的危險。

然而統一而中立的德國呢？亦不爲西方集團所接受。一來深恐正盛的蘇聯集團將因而更取得戰略上和心理上的優勢；二來深恐統一中立的德國會動搖歐洲均勢，因爲中立的德國解除武裝後，可能受制於正積極解放世界的蘇聯；而中立的德國如果發展軍備，鑑於歷史經驗，恐怕又會重蹈兩次大戰的覆轍。

所以當東德當局於五一年提議，由兩德當局共組政府，起草選舉法規，然後舉行全德大選，以決定德國去向時，西方三強將之提列聯合國討論，並倡議國際監管選舉的自由度和公平性，此修正案卻又被東德和蘇聯峻拒。而五三年史達林逝世後，英國首相邱吉爾亦曾提議，由四強共立保證條款，確保德國的自由與合作時，東德適逢工人暴動，蘇聯出兵鎮壓之餘，亦拒絕此案。五四年英國外相艾登亦在柏林外長會議中，提出一項統一方案：由四強起草選舉法規，在四強委員會監督下，全德人民進行秘密投票和自由選舉出議會代表，再授權議會組成德國政府，商討簽訂和約問題。對此，蘇聯則重提以前的方案。雙方對德政策，始終無法有具體的妥協成果。

在列強你來我往的互動中，西德艾德諾政府充分運用情勢，有效地謀求了主權的獨立和國家建設。艾德諾政府的策略，首先在使西德能以主權獨立國整合入西歐，利用西方資源以重建德國，並希望一來藉此以化解德、法兩國的宿怨，一來避免德國在列強相持不下時，被出賣的危機；等到西德能站穩腳步後，再追求德國統一的終極目標。

艾德諾的策略，是符合西方盟國的看法的。西方盟國想將西德納入聯盟，以保護德國免於赤化，並避免德國再度威脅歐洲均勢。所以自五二年到五五年間，西德與列強簽定多項條約，以終止對西德的佔領狀態。西德於五五年終於獲得獨立的主權，西方列強只保留備而不用的對全德和柏林事務的「特權地位」。西德並於是年重整軍備，加入北約軍事組織，成為對抗蘇聯集團的前線。

至於東德的發展亦同。五四年蘇聯當局已完全承認東德是主權國家，並互派大使，取消佔領軍的政治佔領地位，只是堅持在四強協定下，維持駐軍東德。東德政府也在兩年後建立軍備，納入華沙公約組織的指揮系統中。

至此，同盟國由聯手打敗德國，分區佔領，解除德國軍事武裝，而至各自扶植政權，並賦予獨立主權，加強其軍備，歐洲的國際體系，於短短的七年之間又營造出類似戰前兩方陣營對立的架構。

2. 哈爾斯坦原則

伴隨這種情勢的發展，西德政府提出「哈爾斯坦原則」(Hallstein-Doktrin)，以明確聲明西德政權的正統性。

艾德諾在取得西方盟國的外交承認後，並未忽視與蘇聯的關係。而蘇聯亦表示在和東德建立良好關係後，打算和西德關係正常化。雙方遂於五五年於莫斯科會議。蘇聯同意釋放一萬名德國戰俘，兩國並且建立外交關係。在蘇聯的立場，是希望在兩德分裂既已無法挽回之餘，藉此以鞏固東德的國際地位，並爭取西方盟國對二次大戰後，歐洲勢力分配的現狀的承認。然而艾德諾政府雖接受這種關係正常化，卻拒絕取消和西方盟國的條約義務，並且重申西德是全德唯一合法的政府的立場不變。

所謂哈爾斯坦原則，即在宣稱西德政府拒絕放棄德國在東歐的領土權利，也堅持在國際上代表整體德國的利益。凡是承認東德的國家，西德一律與之斷交。這個原則一方面想孤立東德，一方面也是向蘇聯表示，蘇聯無權長期據有因戰爭取得的所有原屬德國的領土。

3.東德的反應

東德面對挑戰，也不含糊，連連提出相對條件。首先依照共產主義的邏輯，推演出東德是德意志民族爭取和平、安全及統一，以及在鞏固工農階級的鬥爭中的支柱地位的說法，繼而提議在西德承認兩個德國的前提下，擴展雙方貿易、體育、文化、交通等關係，及至西德提出哈爾斯坦原則後，東德共黨也聲稱東德是德意志民族唯一合法的國家，認為東德是德意志民族的祖國。

五六年，當時的德共總書記烏爾布利希特（Walter Ulbricht）向西德提議，兩德政府進行談判，在平等的基礎上建立關係，成立邦聯；並要西德退出西方的聯盟組織。五七年並由同屬華沙公約國的波蘭，提出所謂「拉巴契計劃」（Rapacki-plan），要求在中歐設立非核中立區。烏氏並加注解說，只有西德對此計劃採取積極態度，以及兩德在國際法的基礎上簽訂條約，德意志邦聯才能成立。

對這些提議，艾德諾政府都採取相應不理的態度，加以拒絕。雙方僵硬的關係，於六一年的柏林危機中，達到最高潮；而所謂「正統」的觀念，於危機後，亦遭到批判揚棄，雙方關係才又邁入新境。

4.柏林危機

柏林危機始於五八年的「赫魯雪夫最後通牒」，終於六一年柏林圍牆的建立。

西德加入北約後，北約盟國即在西德建立軍事基地，部署戰略性核子武器，此舉予蘇聯集團以極大的心理威脅；而中共勢力興起，與蘇聯關係出現裂痕，亦迫使蘇聯急於解決歐洲現狀問題，以免腹背受敵。於是赫魯雪夫於十一月要求創設西柏林爲自由市，爲第三個德國，西德停止所有在西柏林的顛覆活動，由四強或聯合國確保其地位；東德亦不干擾西柏林的對外交通。他並強調，六個月內西方盟國如不接受此提議，蘇聯將和東德簽訂雙邊條約，由東德控制西柏林的交通權。

西方盟國當然拒絕蘇聯這種恐嚇性的手段，不過爲謀善果，雙方還是進行了談判，於五九年舉行了首次會議，東西德亦以觀察員身分列席，不過終因以自由選舉，以達成再統一的老問題，而沒結果。而六一年六月，由美總統甘迺廸和赫魯雪夫在維也納舉行高峯會議時，雙方對此問題，亦因安全利益的關係，不但談不攏，且因東德難民潮，逼使東德建立柏林圍牆，阻絕與西方的接觸。

在美國的理解裏，蘇聯的要求威脅到自由世界的安全，並且是意圖分化西歐，把美國勢力逼回美國本土；更何況四強曾簽訂條約，共同保衛柏林，如果准許蘇聯破壞該條約，則美國的威信將蕩然無存。故而西方三盟國不願稍表讓步。

西方盟國的態度，促使赫魯雪夫一再發表強硬聲明。於同年八月他指出，柏林是阻礙東德社會主義發展的絆腳石，並指責西方國家一直意圖推翻東德政府，蘇聯將與東德簽訂和約，並消除這個絆腳石。

他的強硬聲明，結果卻造成東德公民大量逃往西德，僅在半月之間，便有兩萬多人逃抵西柏林。而據估計，戰後從蘇區奔往西區的難民，數達三百萬人，且多是年輕的技術人才，使東德政權倍感威脅，於今又出現無法遏止的逃亡潮，東德遂與蘇聯、華沙會員國發表聲明，要採取各種必要手段扼止西方的「軍國主義」、「復仇主義」，包括建立有效的邊界管制。東德據此於十三日砌起圍牆，正式關閉東西柏林邊界。

圍牆建立後，東德政權漸趨穩固。赫魯雪夫也宣佈撤消與東德簽約的意圖，使美國派軍進駐西柏林而加緊的柏林危機暫時緩解。

5. 西德的機動政策

這段過程，西德可說是個「第三者」，縱橫雙方是列強，他們雖然聲稱基於各自利益，不惜陳兵相見，但西方盟國在東德悍然建立圍牆後，並無任何有效對策；而艾德諾政府的哈爾斯坦原則，對照於柏林圍牆的建立，愈形見出其不切實際的困境。兩德關係已到改弦更張的時刻。

艾德諾的政策，首由其於六六年下臺後的繼任者耶爾哈德（Ludwig Erhard，基民盟）略作修改，他主張透過「自決」方式達成再統一，是最符合德意志人民的利益，而德國的統一，更有利於歐洲的穩定；西德願意與東歐改善關係，放棄德國政府對捷克的領土要求，唯歐得奈澤河邊界問題，應經由全德政府簽訂和約來決定；全歐各國應裁減核子武器，並提交國際管制。

唯耶氏內閣的兩德關係政策，基本上，還是要迫使東德屈服的。其外交部長許勒德（G. Schröder）所提出的「機動政策」，是假定東歐各國是主權多元的，而非全以蘇聯的意志為意志，他要透過與東德除外的東歐各國改善關係，來迂迴孤立東德。

所以他的意圖，並不為東歐各國所接受。尤其一來他的政策並未放棄哈爾斯坦原則，二來他並未承認德波兩國現有的邊界。可說是表面上妥協，實質上不變。這亦可從拒絕東德共黨要求兩德共組聯邦的提議上看出。

6. 東德的民族文件

柏林圍牆建立後，東德共黨發佈一件「民族文件」，指出社會主義是解決德國問題的先決條件；德國之分裂，是西方帝國主義者製造的，兩德有必要先組成德國邦聯，作爲再統一前的過渡措施，並解決兩德在經濟、法律、文化、國際、民族等各方面的問題。東德共黨並積極呼籲有歷史淵源的西德社民黨進行對話，以利用西德內部政治衝突，動員反政府力量。但是這種策略，同被西德執政黨和社民黨拒絕。執政黨的立場固然鮮明，社民黨亦表示東德共黨應力謀改善其人民生活，並且不應以邦聯形式，掩其意圖分裂之實。

對於東德共黨此時提出「民族文件」的目的，有謂是受了蘇聯當時貶史運動的影響。赫魯雪夫掌權後，大力消除史達林式恐怖政策所造成的陰影。這項政策也連帶影響到受史達林羽翼的東德政權。東德共黨爲彌補「非史達林化」所造成的權力正當性的危機，試圖透過民族與社會主義的結合，重造其正當性基礎，並把分裂責任推給西德。東德官方並在新編的德國史中，極力強調德裔共產黨員的歷史貢獻，以取代史達林，維持東德共黨在建國運動中的地位。

7. 西德的轉變

西德的德國政策在六六年由季辛格（G. Kiesinger，基民盟）和布朗德（W. Brandt，社民黨）共組大聯合政府後，有了較顯著的轉變。西德的經濟奇蹟，雖然增強西德的國際地位，卻也使人民在富足之餘，要求西德政府對東德拋棄意識型態的堅持，改採務實政策，和平共存，把統一化爲長期目標。而西方盟國在東西間的幾次危機中，如柏林危機、古巴危機，所採取的雖強硬但不衝突的和解走向，亦使西德政界和知識界，呼籲西德在兩德關係上扮演更積極主動的角色，由統一的純粹民族主義訴求，轉爲民生福祉爲先的訴求，並在德波邊界上採取妥協立場。

這些民意，由社民黨加以吸收，並作爲與基民盟組聯合政府的條件。社民黨由於其社會主義的意識型態傳統，和其歷史上與德共的兄弟關係，在戰後冷戰期間一直無法獲取西德選民的認同，故在五九年的荷得斯堡綱領（Bad Godesberg）中，放棄社會主義政策，強調自由市場經濟，尊重個人自由和信仰，不反對西德重整軍備和加入北約。使該黨轉入西方思想傾向的全民政黨，並配合民間的和解要求，而贏取選民的支持。

西德大聯合政府基於此項民意，遂在政策上給予東德事實上的承認（而非法律上），接受東柏林爲東德首都，和東德政府管理轄區內的事務的事實狀態。並要求兩德加強貿易、文化、交通之間的交流。換言之，西德政府由於經濟、政治建設有成，運用國際和解走向，化被動爲主導，希望透過實際的接觸來影響東德社會，達成和平統一的目的。

8. 烏爾布利希特原則

然而西德的轉變卻未獲得東德的正面回應。東德於此時已放棄兩德統一的積極態度。東德共黨本來一直強調社會主義的優越性，並要求互相承認，共組邦聯。但二十年發展結果，東西德的經濟成果有顯著的差異，尤其是柏林圍牆，更象徵著東德共黨的信心危機；而西德的務實政策和建設成果，已初步在東歐取得成果，即與羅馬尼亞建交。於是仍是掌權的東德共黨總書記烏氏，遂提出烏爾布利希特原則（Ulbricht Doktrin），宣稱西德要承認東德，是西德與其他華沙公約國的先決條件，否則華沙公約國不應與西德建交。此原則並經華沙公約國共同接受。

東德的退縮，也表現在改機構名稱和制訂六八年新憲法上。東德政府為避免其人民產生「認同的混淆」，通令凡是有關全德範圍的機構，一律更改成能表現東西德分立關係的名稱。並由人民議會通過「公民法」，賦予「東德公民」的概念，以有別於德意志人民。而其新憲法，一反四九年憲法，不再提德國的統一性，而聲明東德已是德意志民族中的社會主義國家，擔當反西方帝國主義，包括西德的大任。

三、談判時期：七〇年至八九年

1. 西德的東進政策

「一個民族，兩個國家」，是西德對二十年來強硬的哈爾斯坦原則的修正，是由社民黨和自民黨於六九年共組的新內閣的德國政策的基調。由於此一開放政策，順應了東西方和解走向，承認戰後歐洲現狀，不但使得西德對東歐各國，尤其是另一個德國，之關係正常化得以實現，而且在兩德和平統一進程上，起了積極的推進作用。

布朗德總理在首次政策演說中，對其「東進政策」內容作了詮釋，其要點有：

(1)德國問題，只有在歐洲和平架構中，才能獲得最後解決。

(2)德意志民族一如其他民族，擁有自決權。西德政府為終止兩德之對立，以確保民族的統一，願意在平等的基礎上和東德談判，締結契約式的協定。但是這種關係，只能是特殊的，而非國際關係。

(3)西德準備與所有華沙公約國，談判有關互不侵犯條約，及廢棄使用武力等條約的事宜。

(4)建議西方三強繼續和蘇聯談判有關柏林情勢之事宜，確保四強對柏林市的特殊責任，柏林市的對外交通不得受阻，並使其有助於改善兩德的政治、經濟、文化關係。

這項政策，透過一連串的談判和締約，塑造了空前的和平氣氛。在德蘇秘密談判的「巴爾文件」(Bahr-Papier)中確立：雙邊均放棄武力，承認戰後歐洲的疆界，西德承諾與東德訂約，其效力與一般國家間的條約效力相同，西德放棄全德唯一代表的主張，兩德同時加入聯合國等原則。這些原則並成爲七〇年雙方簽訂德蘇互不侵犯條約的重要內容。

與此同時，西德與波蘭亦簽訂條約，同意歐得河奈澤河作爲波蘭西疆的不可侵犯性；雙方均以聯合國憲章的宗旨原則，做爲彼此關係及確保歐洲及國際安全事務的指導方針。

至於柏林問題，則由佔領四強完成柏林協定。協定中四強雖確定西柏林不是西德的部分的原則，但同時宣示，西柏林與西德間的聯繫關係，應予維持與發展。

布朗德的東進政策，基本上化解了與東歐國家間的衝突，擴展了西德外交的活動空間，東西方因德國問題所造成的緊張狀態得到進一步的紓解。

2. 東德的兩個民族國家論

然而東西德關係正常化的過程，則較爲曲折。東德共黨由於在國家建設上遜於西德，爲免於西德東進政策造成對其政權的威脅，已漸走上「兩個民族，兩個國家」的路。掌權的共黨總書記烏氏，針對布朗德兩德保持德意志同一民族的呼籲，提出反擊。他援引東德六八年的憲法指出，東德已經是社會主義的德意志民族國，而西德則是資本主義的北約國，兩國已經不再是統一的「民族共同體」，而是國際法上的兩國關係了。他也反對蘇聯在柏林協定上的讓步，認爲西柏林問題，只能由東德和此一具特殊地位的獨立城市談判。

他的頑強態度，在西方互謀諒解的趨向上，顯得很不搭調，也阻礙了蘇聯想藉由柏林協定推展和解的政策，更何況由於他近來意圖脫離蘇聯的影響，強調東德在經濟、政治和意識型態等的獨立成就，而失去蘇聯領導層的支持。於是在七一年列強緊鑼密鼓談判柏林協定的同時，蘇聯透過東德共黨的一次中常會，強迫烏氏退休，由侯內克（E. Honecker）取而代之。

侯氏強調東德要團結在蘇共領導的周圍，不再強調東德在德意志民族架構中扮演特殊的角色，轉而肯定東德必須在和西德不可妥協的階級鬥爭的情況下，建立新的社會主義社會。換言之，侯內克雖強化了兩個民族國家的原則，但也肯定蘇聯的和解政策。

在東德改變立場下，西柏林的安全得到確切的保障，東西德關係正常化的談判，得到突破，而於七二年簽訂了基礎條約，成爲八九年東德政權崩潰前的雙方關係的支柱。

3. 東西德基礎條約

基礎條約中最重要的規定，是西德揚棄其唯一的合法代表的主張，雙方的主張只限定在各自的領土內，彼此尊重內政、外交事務的獨立自主性。雙方對於兩德是否皆爲國際法上互爲獨立國家的問題，雖各持保留的立場，但互相同意兩德在平等基礎上發展正常的睦鄰關係，互換常駐代表團，促進全面的合作關係。雙方遵循聯合國憲章，用和平方法解決各種可能的爭端。

基礎條約是兩德高階層連串談判後最重要的具體成果，雙方理性地擱置了短期內無法解決的主要政治目標：如東德要求國家承認，西德放棄正統的身段等，爲和平共存砌了地基，也爲和平統一開了平坦的路。

自此德國問題在國際舞臺上沉寂了一陣子。雙方都只在實務技術上加強，共組諸如「邊界委員會」、「法律工作小組」等跨國組織，討論解決相關問題。兩德共爲一個經濟區，沒有關稅障礙，西德並大量貸款給予東德幫助建設，並基於同一民族的立場，幫助東德取得歐洲經濟共同體的等同於西德的關稅待遇。而雙方人民的接觸，非常濃密，除了西德到東德旅遊的月平均人數激增外，東德公民申請到西德居留的人數，亦逐年倍增。

4. 東德再提兩個民族國家論

然而這種好景維持不久。雙方加強關係後幾年，東德政權又重新挑起德意志民族問題的討論。其原因在：西德的東進政策，立基於「和解，才能促進變遷」的假設上，而且也確實達到了預期的效果：東德人民不但沒有把西德當成是資本主義北約國，而且因爲西德的各種成就，導改東德人民國家認同的「異化」，加深了東德政權的正當性危機。

於是東德政權於七四年又製訂新憲法，聲明德意志民主共和國是社會主義工農國家，進一步揚棄六八年憲法中的德意志民族的字眼。東德理論家認爲，東西德由於社會經濟制度的差異和矛盾太大，已質變爲兩個民族。西德乃是以剝削人的法律爲基礎的民族，而東德則是以解放剝削爲基礎的民族，兩者之間不可能存有民族的關連性，是兩種不同社會的兩個民族國家。

東德政權在此理論架構下，一方面透過增加西德旅客的最低消費額的入境限制，以冀減少人民間的接觸，一方面則由侯內克提出四大要求；西德應承認東德國籍，提昇常駐代表爲大使，廢除在 Salzgitter 的邊界監視站，並承認易北河中界爲兩國邊界。這項要求雖由當時西德總理史密特與侯內克舉行高峯會議，唯並沒有結果。

東德態度的轉變和兩德關係的惡化，當然與國際情勢變化有關。就前者而言，由波蘭團結工聯於八〇年所引發的民主化要求，繼六八年的布拉格之春，在共產世界引起大震撼。東德共黨深恐波蘭一旦民主化，將與西德形成一民主包圍圈，故急於要求西德的國家承認，以釐清人民的認同。當然，另一方面波蘭的動亂，和東德當時經濟的穩定成長，也加強東德在東西歐之間的橋樑地位，使東德統治階層再度恢復發言的自信。

而美蘇間和解政策的走下坡，彼此間敵對的戰略部署，亦讓侯內克在兩德關係上採取較爲堅持而獨立的立場。

5. 國防軍備競賽

蘇聯藉和解政策，大力擴展傳統武力和核子武力，到七〇年代末，其軍力已遠遠超過北約同盟國，影響到雙方的軍事均衡，雙方雖有限武談判，但仍無法遏阻蘇聯的軍力擴張。加上蘇聯於七九年入侵阿富汗，破壞了國際均勢，美方實施對蘇聯的經濟制裁，東西集團的關係又是緊張態勢。於是同年北約國在布魯塞爾會議中決議，加強北約核武現代化，並在西德、英國、意大利、荷蘭、比利時佈署潘興二式飛彈和巡弋飛彈，於一九八八年前完成，以求取與華沙公約國的軍力均等。

雙方統治階層仍未眞正拋棄自冷戰時期以來的敵對心態。這種措施自然激起自由世界具有表達反對意見能力的人士的反彈，尤其是身處衝突點的西德。對西德和平運動人士而言，北約的核武現代化和在西歐部署，不啻是東西軍備競賽的開端，再一次危及西德的和平與安全，並阻撓了和解以來的東西德和平統一的發展；而在經濟層面，東進政策後所開啓的與東歐貿易，勢將受影響，而當時西德正受到經濟不景氣的衝擊，這種軍備競賽所造成的國防負擔，將有害於經濟發展。所以八〇年代西德的反核和平運動波濤洶湧。

蘇聯爲減輕美國實施經濟制裁的影響，和確保蘇聯在歐洲的軍事優勢，也對和平運動推波助瀾，聲言如果北約採行其計劃，勢將導致東西德關係的惡化，西德和東歐國家間所有法律、政治和經濟關係的架構，都可能瓦解。

6. 侯內克訪問西德

侯內克對這種情勢的運用，一開始是採取與蘇聯一致的立場，反對北約飛彈部署於西德，並重提西德承認東德的獨立國格問題。不過後來考慮到維持與西德良好關係所能獲得的經濟利益，也就採取低調處理，轉而呼籲東西德在東西方緊張態勢下，保持雙方的互信感，建立「理性同盟」和「責任共同體」，對於西德總理柯爾（H. Kohl）同意部署飛彈，則要求儘可能限制損害的範圍。

換言之，東德基於權力和意識型態所演出的兩個民族和國家的理論，在其本身經濟實力無法超過「資本主義北約國」之下，顯得疲乏無力。

西德於八二年由基民黨和自民黨接掌政權，在柯爾領導下，對兩德關係的政策架構，基本上仍延續「一個民族，兩個國家，和平共存」的路線。在其就任的國情諮文中，仍一貫其前任政府的目標方針，明白強調西德聯邦政府遵守條約承諾的義務。此所以他一方仍讓西方盟國在西德部署防衛軍備，一方面卻仍遵循基礎條約，與東德政權密切來往。

在東西方關係惡化的情況下，侯內克雖懾於蘇聯的反對，而取消了八三年和八四年兩次訪問西德計劃，以免除蘇聯認爲東德意圖脫離共產陣營的疑懼，但雙方在工業生產、居民交流、貿易往來和青年學生互訪等層面，都有長足而顯著的發展。充分顯示除了政府層面的合作意願十分明確，意識型態的作用減少之外，民間基於民族感情和互利的交流意願，對促進統一亦呈現其主動的力量。

美蘇雙方的限武談判，直至美國雷根總統連任，蘇聯戈巴契夫掌權後，才有了轉機，雙方又重拾和解政策。這項轉變，也爲東西德關係帶來大幅度的進展。

最顯著的一個例子，是由侯內克跨出。八七年侯內克到西德訪問，除了與西德聯邦政府會談外，並廣泛與在野黨派領袖、邦政府首長和工商界代表交換意見。對於這次訪問的意義，柯爾和侯內克都作了正面的肯定。柯爾認爲是有利於人道和和平的表現，爲兩德的合作打下更堅實的基礎，爲東西方關係建構互信的屏障。而侯內克亦表示，和平是人類最高的價值，社會主義和資本主義不是如水火般不相容，不必藉由軍事手段解決。他強調理性和善意是國際政治的首要基準。

他的訪問，可說是徹底改變東西德長期以來僅止於紙上的契約和小幅度的關係，雖然當時人們對其訪問是否具國格承認的問題有所爭議，但他訪問後，東西德間大規模的資訊、科技、體育、環保、姊妹市締結等交流，可說爲八九年和平變革和九〇年統一開啓了良好契機。

四、大轉變：八九年十月以後

然而人民終究是政權的審判者。侯內克雖在外交上作出親善的舉動，並發表他主張和平、理性的言論，東德人民卻在實際生活中，歸結出他和共產黨在政治上和經濟上的史達林式作風，帶給東德無法長足進步的阻力的結論，於是在共產集團無力再以意識型態滿足基本需求、彌補敗象的當口，一場動搖東德政權正當性的變革，便無可避免。這場東德的和平革命，爲長達四十年的東西方意識型態競爭作了判決，也讓東德人民在德意志民族統一的進程，發揮了積極的作用。

1. 戈巴契夫的新思維

這場歷史性的變動，有其內外在的推動力。自共產集團封閉其與西方連繫的大門，四十年來大搞其獨特的社會主義建設，在政治上實行其一黨專制，壓制社會活力固無論，即在經濟建設層面，因側重國防工業的發展，而至忽視民生經濟，其生產力不足與西方社會競足，國民生活每況愈下，民心早有不穩現象。這些不穩早期皆在史達林式的思想壓制和武力鎮壓下而平定下來，但在八五年蘇聯的戈巴契夫上臺，因應蘇聯經濟的敗壞，而提倡新思維的改革後，這些不穩現象即在各個東歐國家浮現出來。

戈巴契夫的改革措施，除了對內解放政治活力和改革物價外，對東歐政策，也一改布里茲涅夫主義，而以尊重盟國，不干涉盟國政經發展爲主調。他不但公開承認六八年蘇聯鎮壓捷克民主化運動的錯誤，對波蘭民主化要求和羅馬尼亞人民的正義鬥爭，也保持旁觀立場，甚或聲明支持。而自八〇年代以來新起的東西軍備競賽的緊張態勢，也在其不斷與西方盟國舉行的限武談判中，獲得紓解，讓國際形勢有了以對話代替對抗的轉折，自冷戰以來的兩極結構，有了眞正的瓦解趨向。國際關係的重點，由軍事轉向經濟和科技合作。

這種轉變，當然保證了東歐改革的順利開展，而東歐改革的成果，也確保這種新體系的穩定性。

2. 東德的崩潰

至於東德的改變，更有其內在不得不然的原因。就目前由東德政府公布的經濟眞相而言，是令人驚心的：

其預算赤字至今年底，將高達一千二百億東馬克；外債總額是一千二百五十億東馬克；在一千五百三十四家國營企業中，有百分之十四要破產關閉，並有百分之五十四是做賠本生意的。

然而更具諷刺的是，侯內克在東德建國四十週年（十月七日）於羣衆大會說，東德已成

「共和的天堂」，相對於他在這共和的天堂中所採行的政治高壓手段。成了自欺欺民的名言。

東德共黨長期以來所宣傳的教條是：德意志民主共和國，沒有提供反對力量的客觀社會政治基礎。然而自八〇年代初以來，民間的以改造體制爲目標的團體結社卻不斷地零星地出現，尤其是天主教會，更時常藉研討會、宗教集會日，啓發和掩護人民改革的思潮。根據東德公安部稍後所發表的統計，此其間所發展出來的團體約有一百六十個：計和平團體三十五個，生態團體三十九個，環保和平團體二十三個、婦女團體七個，醫生團體三個，人權結社十個、世界性團體三十九個和其他地方性結社等。而其他人際關係性質的結社，更是不計其數。

這些團體雖然顯示東德社會早已出現多元的傾向，但卻在公安部門壓制下，無法發揮作用。東德共黨爲確保社會穩定，團結在其領導下，不但在七四年憲法中明定「工人階級和其馬列政黨的領導地位」，也大肆發展公安部門的力量。根據今年年初所公布的數據，去年公安部門的預算經費達三十六億東馬克，擁有八萬五千名主要官員，近十一萬名的眼線廣佈全國，對人民從個人的交遊到思想動態，都作了詳細的檔案記錄。

這種外界寬鬆、內部緊罩的情境，使東德人民有了反變現況的意念。東德人民的反抗，有的是用腳逃亡到鄰國，再輾轉到西德，有的是就地遊行示威。在東德慶祝建國四十週年前幾個月，卽已逃出了三十五萬人；而上街遊行的，始於萊比錫，蔓延到全國亦數達百萬人次。萊比錫市民，在侯內克高喊共和的天堂口號聲剛落，就湧出十萬人到街上要求民主、統一。

國慶後不久，東黨共黨將侯內克逐出政治局，接連換了幾個領導人，力圖挽回民心，然而巨浪已成狂濤，在三月十八日的民主選舉中，換了招牌的共黨終於成爲在野黨。四十年來西德由人民透過自由選舉以決定東德命運和德意志統一的一貫主張，終得靠東德人民的自發性而初步實現。

3.統一的第一步

依照西德總理柯爾於八九年十一月二十八日，爲因應東德變局所提的「十點計劃」，西德願意在東德徹底改革政治經濟體制後，提供東德具體的經援，並且從兩德建立邦聯合作關係，再到德國聯邦完成統一。計劃中也再度強調德國統一，要結合於全歐的統一進程，眞正締造和平的歐洲。

東德政經體制基本上已獲得全新的改造。三月十八日的選舉，選民選出了西德基民黨的姊妹黨，東德基民黨，組織聯合政府，帶領他們往自由、統一和財富的方向走。而七月一日兩德開始實行「經濟、貨幣和社會統合條約」，東德放棄憲法中的社會主義經濟，接納西德的社會市場經濟，要創造有利於發展市場潛力及私人企業的環境，並採用西德與工作權利相關的主要原則如結社自由、薪資談判的獨立性、罷工權利等，都在基本精神和體制設計上納入西德既有的建制內了。至於先組邦聯，再成聯邦的計劃，雖然西德基本法有第二十三條：只要其他德國領土自願加入聯邦，即成聯邦一員，以及第一四六條：全德意志人民自決後，此法即失其效力的兩種規定，在兩德都同意在十二月舉行全德大選之下，似乎已成多餘。

4. 列强的態度

德國的統一，當然不只是德意志人民的家務事。柯爾計劃雖然信誓旦旦，強調兩德統一不會危及歐洲和平，但其已動搖歐洲均勢，已是明顯的事實，再加上歷史教訓，西方盟國開始是對德國急於統一的速度，都持保留態度的。

其中最明顯的，當然是蘇聯。戈巴契夫雖然因無法也不願阻擾東歐社會體制的轉換，卻也不願東德「被統一」後，脫離華沙公約，進了北約，壯大西方盟國的聲勢，影響蘇聯的安全。所以蘇聯和華沙公約不斷地重申東德留在華沙公約組織的重要性，更何況在柯爾計劃中，對於東方邊界問題，隻字不提。

雖然蘇聯在謀求安全的前提下，曾先後提議德國統一後同時加入華約和北約，或者中立化、非核化的主張，但因其內政經濟的不振和不安，而被西方盟國和西德拒絕。在西德總理柯爾爲恐蘇聯因內部不穩影響德國統一，而宣佈經援蘇聯，以及歐洲共同體也願意經援蘇聯後，反對德國統一的外在因素，已暫時解決。

至於美英法三西方盟國，對於東歐鉅變和德國統一，當然是樂觀其成，並且極力倡言要予經濟協助，但基於考慮蘇聯反應的穩健立場，也只是表達「願見東歐和平安穩的改革」立場而已。

不過，德意志人民強烈的呼聲、西德國力的強盛和其誠意的保證，如放棄對東方領土的訴求，使西方盟國還是採納了德國統一的進程。雖然相應於柯爾計劃，歐洲共同體也曾提出三個階段論：第一階段由德意志民族經由自決，不管依第二十三條或第一四六條所規定的方法，實行國家的統一；第二階段：歐洲共同體的所有條約，將適用於整合入西德的東德；第三階段由四強確保讓歐洲共同體和歐洲安全合作會議，攜手建立歐洲和平秩序，把統一的德國納入和平秩序，並解除四強軍備和特權，克服東西集團分立的觀念。

統一後的德國，應可如西方所願，留在北約。但華約和北約，卻已經在自我解組。北約組織已聲言將由軍事聯盟改爲政治性組織，並直接與華約談判，設立武器裝備的上限；而華沙公約亦有會員國主張於年底前廢除。戈巴契夫於六月美蘇華盛頓會談後所說的：冷戰已眞正結束，加強合作的時代已臨，似乎卽將實現。

5. 尾音

四十年來，四強由聯手打敗德國，再各自扶植德國政權，展開意識型態和權力競逐，中經冷戰、和解、再軍備競賽，終於準備聯手建立和平，是世界史一段獨特的經驗。而德意志民族從戰後被支配的客體，積健為雄，以理性務實精神而取得統一的主導力量，亦將會是二十世紀最值得矚目的事件。

兩德統一與「西德經驗」

郭恆鈺

兩德統一，是一個「奇蹟」，因爲沒有人預見那道保衛「社會主義偉大成就」的柏林圍牆能夠在一九八九年，而且在一夜之間倒下來了。兩德統一也是二十世紀發生的一場「和平革命」；經過四十年的「事實檢驗眞理」，「民主政治＋市場經濟體制」推翻了「計畫經濟＋獨裁政治體制」。它不僅對今後德國，也對歐洲、世界帶來了深遠影響。

兩德統一，有兩個階段：從一九四九年到一九六八年，從一九六九年到一九八九年，整整四十年。

一、一九四九年——一九六八年：未忘統一、敵我關係

一九四九年八月十四日，西德第一屆聯邦議會大選，基督教民主聯盟（基民黨）的艾德諾當選聯邦政府總理。艾德諾的對東德政策，是在不放棄重新統一德國的遠大目標下，在東

西兩大陣營之間的框框裏，考慮其現實利益與可能性而制定的。

艾德諾認爲，在東西兩大陣營之間，西德不能採取中立路線，祇有緊緊靠在以美國爲首的西方集團。但在東西陣營之間，必須建立一個以西歐國家聯合的第三勢力，在東西的緊張局勢中，發生維持和平的作用。因此德法必須泯隙合作。至於統一問題，艾德諾深信，西德的自由重於爭取統一的冒險。德國的統一祇有在東德人民獲得自由的情形下，才能實現。另外，德國的分裂是戰後東西冷戰的結果，祇有這種局勢的全面緩和，歐洲統一才有希望，德國統一才能實現。因此，德國的重新統一是一條遙遠而迂迴的路。這是艾德諾政府內外政策的三項基本原則。

在形成對東德政策之前，艾德諾政府首先要解決對蘇關係：蘇聯力爭建立邦交，德方要求遣返戰俘。一九五五年九月，艾德諾應邀訪蘇，雙方簽訂建交條約。但是，在艾德諾離開莫斯科七天之後，九月二十日，蘇聯就與東德簽訂了兩國「關係條約」：德意志民主共和國有權決定內政與外交，包括同德意志聯邦共和國的關係以及同其他國家發展關係。

蘇聯與西德建立邦交，同時又與東德簽訂「關係條約」，這一事實說明了兩個德國的存在。這個新的外交情勢，促使西德政府制定對策，提出了「哈爾斯坦主義」。用臺灣術語說，是「漢賊不兩立」。用中共的話說，那是畫清界線，敵我關係。一直到一九六八年，在兩德關係上，這是西德政府堅持執行的外交原則。

一九六一年，東德政權爲了阻止東德人民不斷大量逃往西德，建立了一道長達四十六公里的「柏林圍牆」。西方止於抗議，未見行動。圍牆的建立，不僅是柏林這個城市的東西分裂，它在東西冷戰中的國際意義是，社會主義國家與自由民主世界，畫清界限，不得逾越。對德國來說，一分爲二，已成定局。

另外，國際情勢也發生了重大變化，特別在古巴危機（一九六二年）之後，美蘇雙方顯示承認對方勢力範圍的趨向，並開始採取維持現狀與和緩緊張的政策。在這種新的內外情勢下，又一次促使西德政府從現實利益出發，全盤考慮其對東歐國家的關係，但對東德的特殊關係除外。

一九六一年，基民黨的施羅德接任外長。次年六月，他公開表示：西德政府應該同東歐國家建立接觸關係，應努力消除影響雙方人民感情的敵視並放棄仇恨共產主義的宣傳。這是西德政府修正「哈爾斯坦主義」的開始。

一九六三年，西德同波蘭、羅馬尼亞及匈牙利，一九六四年又同保加利亞簽訂了貿易協定。一九六六年，西德政府發出「和平照會」，提出要同蘇聯、波蘭、捷克以及其他東歐國家交換放棄武力的聲明。一九六八年一月三十一日，西德主動與南斯拉夫恢復邦交（南斯拉夫在一九五七年與東德建交，西德根據「哈爾斯坦主義」原則，斷絕兩國關係）。德南復交，表示西德政府在新的情勢下，放棄了漢賊不兩立的「正統」。但放棄「哈爾斯坦主義」祇表示西德政府對東歐國家關係的修正，至於東德，仍是敵我對立的關係。

二、一九六九年—一九八九年：不談統一、和平共處

一九六九年三月，布里滋湼夫在布達佩斯特召開的華沙公約組織會議上，第一次提出歐洲緩和的主張和東西舉行對話的建議。四個月後，美國總統尼克森發表「關島主義」談話回應。這是布蘭德政府在西德已經放棄「哈爾斯坦主義」之後，推行「東方政策」的國際背景。

「東方政策」是指布蘭德總理自一九六九年十月執政開始，以改善西德對蘇聯與波蘭兩國關係（不含東德）爲主所推動的外交政策。

布蘭德認爲，在國際關係和緩的「大氣候」下，西德也必須緩和它與東德的關係，藉以促使東德對西德的開放，進行接觸、交流。因此，西德就必須接受東德是一個主權國家的現實，和平共處。至於德國統一，那不是短期內可以實現的，但爲了保留有朝一日兩德統一的可能性，又不能給予東德以國際法上的承認。布蘭德在一九六九年十月二十八日的就職演說

中指出：「在德國，現在有兩個國家，但它們之間的關係，不是外國的，而是一種特殊關係。」基此，西德與東德的關係是「國內關係」。

在東西陣營中，艾德諾規畫了西德與西方國家的關係。至於東方，西德與蘇聯和波蘭的問題，懸案頗多，有待調整、解決。這是布蘭德推動東方政策的另一個因素。

一九七〇年八月二十日，布蘭德在莫斯科簽訂了德蘇「互不侵犯條約」。十二月七日接著又與波蘭簽訂了德波「關於兩國關係正常化基礎條約」。這兩個條約，西德政府稱之爲「東方條約」。布蘭德在緩和東西緊張方面所做出的努力，得到國際上的肯定，也因而獲得了諾貝爾和平獎。

在一九七一年九月三日「四國柏林協定」簽字之後，具有調整兩德關係的法律基礎，於是東西德雙方代表於同年十二月二十日正式簽訂了東西德兩國關係的「基礎條約」：雙方聲明放棄武力、相互承認彼此皆爲主權國家、互派常駐代表（不是大使）、發展在經濟、科技、體育、環保、交通、郵政、電訊、保健、文化各方面的交流與合作。從此，出現了兩個德國「不正常的正常化」、和平共處的局面。

「兩國兩區」的理念，在德國見諸實現。有人認爲，一九七一年以後的兩德關係，是西德用經濟統戰東德，準備吃掉對方。這是「以論帶史」，有待澄清。事實上，從兩德簽訂

「基礎條約」到兩德統一，西德政府用大量馬克支持、鞏固東德政權。這是西德上下左右的共識。德國統一，沒人談了；那是昨日黃花，是一個不受人歡迎的口號。如果有人高喊統一，就會被人斥爲癡人說夢，就會被人罵爲「冷戰者」、「和平之敵」。

前匈牙利外長霍恩（Gyula Horn）在接受本年度的「國際卡爾獎」（Der Internationale Karlspreis）的致辭中提及，史特勞斯在一次布達佩斯特的訪問時說過：「入夜，我夢想德國統一。但清晨醒來時，我知道，那祇是一個美麗的夢想而已。」

西德的左派知識分子，對東德讚不絕口，視德意志民主共和國爲社會主義國家的楷模。令人不解的是，這些左派知名人士，在兩德統一之後，仍然發表著作，公然反對統一，如作家葛拉斯（Günter Grass, Deutscher Lastenausgleich, 1990）、作家瓦爾薩（Martin Walser, Über Deutschland reden, 1990）、哲學家哈伯馬斯（Jürgen Habermas, Die nachholende Revolution, 1990）、記者顧比（Erich Kuby, Der Preis der Einheit. Ein deutsches Europa formt sein Gesicht, 1990）。

不僅左派知識分子，就是右派知名人士也對東德抱有「認同」態度。在東柏林擔任西德政府第一任常駐代表達六年之久的高斯（Günter Gaus）認爲，東德的何內克政權，從國際水準來看，也是健全的。東德會與西德一樣長久存在。在漢堡發行的《時代》（*Die Zeit*）

周刊雜誌主編孫莫（Theo Sommer）在他一九八六年發表的著作《到另一個德國的遊歷》（*Reise ins andere Deutschland*）也熱情地指出：東德人民的生活水準不斷提高，東德政權積極從事各項建設，東德人民熱愛國家和黨的領導人何內克。

一九八六年，柯爾總理在聯邦議會鄭重表示：「東德今天是受全世界承認的一個國家。」一九八七年九月何內克訪問波昂，接受了外國元首的隆重禮遇。

一九八八年，巴爾（Egon Bahr），這位策畫與執行「東方政策」的謀士之一，在他發表的〈論歐洲和平——給戈巴契夫的答覆〉中，建議聯邦政府應簽署兩項和約，用國際法來肯定德國的永久分裂。在柏林圍牆倒的前八天，巴爾還在報紙上爲文高呼：德國人不要再夢想統一了！

就在西德上下左右讚美東德、支持東德，不談統一、放棄統一的情勢下，這道還要存在百年以上的「柏林圍牆」（赫魯曉夫語），竟在一夜之間倒下來了，「健全的」何內克共產政權垮臺了，社會主義的「德意志民主共和國」是一個碰不得新鮮空氣的木乃伊。

一九八九年戲劇性的變化，出人意料。這也說明，西德的官方與輿論對東德在政治、經濟、社會方面的估計是錯誤的。

三、一九九〇年：德國統一、美夢成眞

一八七一年的德國統一，是俾斯麥興兵動武一手造成的。但是促成一九八九年東德政權垮臺從而導致一九九〇年兩德統一的內外因素又是什麼呢？

德國的分裂與統一，都受到外因的左右。先談外因：

1. 戈巴契夫

談統一德國的外因，戈巴契夫應爲主角。戈氏之所以獲得本年度的諾貝爾和平獎，就因爲由於他的「改革與新思惟」引起東歐巨變，結束東西冷戰。

一九八五年，戈巴契夫接掌政權以後，他認識到社會主義制度的弱點，放棄與西方對立的政策，從而決心進行「改革」。從一九八七年開始，在東歐國家逐漸展開民族運動、民主要求。波蘭、匈牙利、南斯拉夫首先回應。

一九八八年三月，戈巴契夫訪問貝爾格萊德，在蘇南首長的共同聲明中，雙方指出：「沒有人擁有獨占眞理的權利，也沒有人擁有把自己對於社會發展的構想強加於人的權利。」同年底，在聯合國大會的演說中，戈巴契夫鄭重宣示：「自由選擧是一個基本原則，沒有例外，不容置疑。」一九八九年三月，匈牙利黨主席格羅斯訪蘇，重申上述立場。同年七月，波匈兩國聲明：華沙公約成員有不受外力，自己制定政策路線及策略的權利。十月，華沙公約成員國外長聯合聲明：兄弟國家擁有決定自己內政的自由。

一九八九年十一月二日，蘇聯慶祝十月革命七十週年。戈巴契夫在演講中說：「社會主義不是，也不可能是一個要由所有華沙公約成員所必須接受的模式。」

這是對社會主義的死亡宣佈，是東歐國家解放的響鐘。這是外因的國際背景，影響德國統一的內因有下面兩個。

2. 東德人民

在東歐國家爭取民族自主、推動民主改革「大氣候」的影響下，一九八七年八月十三日，也就是柏林圍牆修建的紀念日，在東柏林首次出現遊行。次年一月十八日，藉追悼李卜克希特和盧森堡逝世週年爲名，再次走上街頭。這次遊行有人權與自由運動組織的成員百餘人被捕。雖然這兩次遊行都未能在東德形成民主運動，但已顯示這是山雨欲來風滿樓的前兆。何內克政權無視自一九八七年以來在東歐發生的巨大變化，堅持社會主義，堅持一黨專政。

東德人民，遊行不成，開始用腳走路，解放自己。自一九八九年夏開始，東德人民，特別是吃社會主義奶水長大的年輕人，逃往捷克、匈牙利（因爲是兄弟國家，不要簽證）。九月十一日，匈牙利外長霍恩在沒有獲得東德政權同意的情形下，斷然決定批准東德難民出境，前往西德，第二天又正式開放匈奧邊境。上面提及，本年度的「國際卡爾獎」在阿亨城頒給匈牙利前外長霍恩，就因爲他當時的決定「改變了歐洲面貌」，也加速了東德政權的垮臺與兩德統一。捷克先是拒絕，繼而效仿匈牙利，開始放人。捷克和匈牙利這個「缺口」，使東德無法像一九六一年在蘇聯老大哥的支持下，修一道「柏林圍牆」堵人了。一九八九年共有三十四萬五千東德人民「背離社會主義祖國」。

不能走和不願意走的東德人民，從九月十二日，也就是匈牙利放人的第二天，開始組織民運。十月九日，萊比錫遊行進入高潮。形勢逼人，東德政權「領導」曾認眞考慮使用「中國辦法」（天安門屠殺）解決日益強大的示威運動。但終因內外形勢與大陸不同，只有作罷。萊比錫的民主運動，很快地擴大到東德各地。十一月四日在東柏林的羣衆遊行已達五十萬人。他們的口號是：「自由旅行、自由選舉、自由市場！」、「我們是一個民族」。

一九八九年十月七日，東德慶祝「德意志民主共和國」成立四十週年，戈巴契夫應邀參加。當記者問及在東德能否進行體制改革的問題時，他說：「來晚了的人是會受到生命的懲罰的。」據內幕消息，是戈巴契夫示意：何內克最好及時下臺。十一天後，何內克「引退」了。

統一後，東德共產黨人大罵蘇聯爲了西德馬克而出賣了東德！蘇聯現駐東柏林的公使馬克希米契夫（Igor F. Maximytschew）今年十一月一日，在《柏林日報》發表專文反駁。他指出，在冷戰年代，東德曾是平衡東西兩大陣營的一個重要因素。但在戈巴契夫新政策、新思惟的影響下，在東歐改革的大氣候形成以後，蘇聯無法支持東德反潮流。東德人民力爭自由民主，再加上戈巴契夫不支持何內克以及東歐的大氣候，使東德政權在「一夜之間」垮臺了。

3. 柯爾總理

實現德國統一，受到來自內外條件的限制。就外在條件來說，必須簽署「二加四條約」，恢復德國主權，才能解決。至於內在條件，不受外因左右，德國人可以當家做主。圍牆倒後，柯爾總理能夠認清時勢，抓住機會，力排衆議，使兩德統一能在不到一年的時間，付諸實現，其識見魄力，政治表現，可圈可點。

柯爾總理首先提出統一德國的「十點計畫」。當時，這個計畫受到國內上下的指責，也引起西歐盟國的猜忌。事實上，這個「十點計畫」在公佈之日就已經過時了。因爲情勢發展之快，變化之大，出人意料。今年二月，柯爾總理接著提出建立兩德幣制統一的構想。他的理由是：儘速挽救東德的破產經濟，藉以抑止東德人民繼續大量湧入西德。這個由聯邦政府通過的柯爾建議，從此後的發展來看，是完全正確的。

今年三月十八日，東德人民第一次自由選舉人民代表。在東德大選之前，東德人民的要求是：「馬上實現民主」。三月大選後，也就是民主實現以後，東德人民的要求是，馬上改用西德馬克。他們的口號是：「馬克過來，我們就留下來；馬克不過來，我們就過去找你！」

五月初，兩德專家委員會就東西德於七月一日實行幣制，經濟及社會福利統一以及東西馬克兌換率達成協議。同時西德聯邦政府與地方政財長決議，聯合成立「德國統一基金」，總額是一千一百五十億馬克。自本年七月一日起，爲期四年半，用來實現幣制統一的協議。

七月柯爾總理訪蘇，答應給予五十億馬克貸款，並承擔由東德與蘇聯所簽署多達一百二十項貿易協定所產生的義務。在統一德國的軍事地位爭執上也取得協議之後，戈巴契夫同意恢復德國主權，兩德統一。至此，德國統一的內外條件，獲得基本解決。

從柯爾總理提出統一的「十點計畫」以來，反對黨，特別是總理候選人賴方登全力攻擊柯爾，指責他爲了個人野心，想當首屆全德總理，無視東西德人民利益，不顧西德能否付出統一的代價，全力加速統一步伐。今年十二月二日的全德大選，賴方登和他的社會黨，空前慘敗。基民黨及其友黨大勝。這是全德選民對在柯爾總理領導下的聯合政府實現統一的肯定，也表示相信這個政府有力解決未來由統一而產生的諸多問題。有人認爲，這是一場「柯爾總理的選舉」，應不爲過。

四、「西德經驗」

一九九〇年春，有人提出「是創造西德經濟奇蹟的艾哈德（Ludwig Erhard）把馬克思打垮了嗎？」的問題。東邊死不認帳的共產黨人和西邊的左派分子也高聲大喊：「西德用馬克把東德吃掉了！」這個說法，在國內報章廣爲流傳，而且也曾出自政府高官之口。不能等閒視之。

今年三月，在東德舉行的第一次自由選舉，東德人民確是選舉了「馬克」。其目的是，期待在最短的時間內，獲得與西德同胞一樣的物質生活。西德政府爲了實現統一，已經承擔了重大的經濟負荷。爲了拉平統一後東西雙方人民的生活水準，聯邦政府今後還要付出更大的代價。但這只是「馬克」的一面，人們忽略了另外一面，重要的一面。

兩德統一，不是艾哈德與馬克思對決的結果，也不是西德用馬克吃掉了東德。「馬克」的勝利，是「民主政治＋市場經濟體制」的成功。東德的垮臺是「計畫經濟＋獨裁統治」的失敗。兩德統一，也不是東德與西德兩個國家對決的結果，那是兩種不同體制經過四十年考驗的答案。

西德在分裂四十年過程中的發展是成功的。聯邦德國是一個受過考驗的法治國家，有一個創造政治安定和成功運作市場經濟的有效政府，人民擁有民主自由的經驗、較高的生活水準和社會福利保障。所有這些，我們可以稱之爲「西德經驗」。如果一定使用這個具有侵略性的字眼「吃掉」的話，那是西德用「西德經驗」吃掉了東德。這是值得我們深思的。

伍、附錄

五、附錄

聯邦德國十六個州簡介

許琳菲

一、巴登—符騰堡（Baden-Württemberg）

巴登—符騰堡州位於德意志聯邦共和國的西南面，它同法國和瑞士接壤。該州的經濟、金融實力超過整個聯邦的平均水平，是所有各州中工業化程度最高的一州。主要工業中心有卡爾斯魯厄(Karlsruhe)、曼海姆(Mannheim)、海爾布朗(Heilbronn)、斯圖加特(Stuttgart)和烏爾姆(Ulm)，同時還有許多與大工業配套的中等企業。有九三〇萬人口的巴登—符騰堡州是聯邦德國就業率最高的一州。該州政府多年來實行鼓勵日本國人移民該州政策，以期日本國人給他們帶來更大的經濟進步。

農業同樣是該州重要的經濟因素。行家們尤其對該州出產的葡萄酒評價很高，儘管有時候巴登和施瓦本的行家對到底何地的葡萄酒爲最佳爭議不一。

巴登一符騰堡州是唯一根據公民投票而建立起來的州。二次大戰後的佔領國先把以前的兩個邦國巴登和符騰堡組成三個州。一九五二年絕大多數公民投票贊成合併。自一九五三以來，該州歷任州長都屬於實力雄厚的德國基督教民主聯盟（CDU）。這裏曾經是德國自由民主黨（FDP）的堡壘，但近年來該黨得票的比例已降到與其它州相當的水平。

二、巴伐利亞（Bayern）

巴伐利亞是唯一在自己州的四周樹起界柱的州。巴伐利亞人引自己悠久的歷史爲自豪，在中央政府面前堅持維護自己的自主性。它也是一九四九年爲表明其與衆不同而唯一反對基本法的一州。巴伐利亞是德國最古老的邦國之一，它的歷史可以追溯到十四世紀。

從一九四六年開始，該州勢力最強的政黨一直是德國基督教社會聯盟（CSU）。除一九五四年到一九五七年外，該州歷任州長都由該黨壟斷。巴伐利亞州也是聯邦德國唯一擁有第二個議院——參議院的州。該參議院由社會、經濟、文化界名流和自治團體首腦組成。參議院具顧問、諮詢性質，但也可以對法律產生很大影響力。

巴伐利亞州是德意志聯邦共和國面積最大的州，與奧地利、捷克相鄰。儘管巴伐利亞州至今仍是聯邦德國最主要的糧食出產地區，但其甚高之生活水平卻主要歸功於北部的現代工業，其中主要爲英果爾斯塔特（Ingolstadt）、奧格斯堡（Augsburg）和南部的慕尼黑（München）。而州府慕尼黑已發展成爲百萬人口的城市，其人口增長率爲歐洲之首。

三、柏林（Berlin）

隨著德國的統一，柏林彷彿成了具有凝聚力的地方。在這八八三平方公里的土地上生活著三四〇萬人口。因此，柏林實際上成了聯邦德國人口最密集之地。它也是聯邦德國唯一兩種截然不同的經濟直接互相交錯的地區，所以克服這種差別成了柏林的首要任務。在經濟景況看好的同時，失業人數也在增加。同時這裏也成了投資者的聚點，其中包括許多遠東的投資商。柏林正以它特殊的地位吸引著富豪，同時也吸引著窮人。這麼一種張力將這個城市導向接近其它首都所具有的氣氛。

四、勃蘭登堡（Brandenburg）

這個州主要包括原普魯士省的馬克勃蘭登堡地區，但不包括奧得—奈澤（Oder-Neiβe）以東地區。當一九四七年佔領軍管制委員會解除普魯士省之後，蘇聯佔領當局改省制爲勃蘭登堡州，該州曾存在五年。

勃蘭登堡州是由原民主德國加入聯邦德國的五個州中面積最大的一州，約有人口二七〇萬。由於這裏的土質很早以來就沙化，馬克勃蘭登堡沒有給這兒的地方或農民帶來過富裕。在社會統一黨（SED）領導下的原民主德國政府用高級工業化武裝起來的生產資料使得這裏硬是取得了好收成，但由於使用化肥過多所造成的危害之代價卻高得驚人。原民主德國政府在勃蘭登堡集中了其鋼鐵工業，也因此而在這兒硬是窮出了一個冶煉城。隨著經濟一體化，在整個地區取消這些經濟部門就提到了議事日程。該州之州府應該仍像一九四七年至一九五二年那樣，非原普魯士弗里得利西時代之首都——波茨坦（Potsdam）莫屬。在人民議院選舉中，保守黨以四一%的選票在該州取勝，同時社會民主黨（SPD）約獲二九%選票，民主社會黨（POS）獲一八%。

五、不萊梅（Bremen）

只有六十五萬居民的自由漢薩市不萊梅是聯邦德國最小的州，由不萊梅市和不萊梅港市組成。它是最早的城市共和國之一，總面臨著外來的合併勢力。不萊梅港市一八二七年由不萊梅擴建新港區而落成。

不萊梅的經濟與航海業緊密相連。那怕是今天，仍有三分之一的居民工作在海港，造船業仍是最重要的工業部門。這一單向經濟在近幾十年來形成了結構危機。造船廠也不得不與其它行業結合起來。新的投資領域有環境、海洋及太空船技術等能給經濟以新刺激的行業。不萊梅渡過了一九八三年的經濟蕭條，現在正以就業率不斷升高而進入經濟回升時期。但該州仍是債臺高築。第二次世界大戰以後，德國社會民主黨（SPD）一直是該州勢力最強的政黨。在多次任期中，社會民主黨一直在州議會裏佔絕對多數並單獨執政。

六、漢堡（Hamburg）

自由漢薩市漢堡按人均經濟能力而言居聯邦德國之首。在德國被分裂之前，她是「德國通向世界的門戶」。漢堡是聯邦德國最重要的貿易大港，佔地面積約七五平方公里，其中十六平方公里是自由港區。除了大城市的典型工業，如造船、煉油和進口原料的精煉外，漢堡還有多種消費品工業。

漢堡建於公元九世紀，比不萊梅稍晚，曾有與不萊梅類似的經歷，與不萊梅一樣，至今仍自豪地稱爲「自由漢薩市（Die Freie Hansestadt）」，但在幾百年的發展過程中卻遠遠地超過了不萊梅。十九世紀，漢堡發展成僅次於柏林的德國第二大城市，人口約一六〇萬。

除一九五三—一九五七年外，該州一直由德國社會民主黨單獨或與其它黨聯合執政。

七、黑森（Hessen）

位於聯邦德國中部的黑森州以美茵河畔的法蘭克福爲中心發展成爲聯邦德國最重要的經濟地區之一。高速公路、鐵路和輪船線滙集在這擁有五五〇萬人口的黑森州。法蘭克福機場是歐洲的航空樞紐。

在過去的幾百年間，黑森州一直處於分裂狀態。直到第二次世界大戰結束，黑森的老區才合併成爲黑森州。直至一九八七年，該州一直由德國社會民主黨（SPD）執政。一九八七年以後由德國基督教民主聯盟（CDU）取而代之。

八、麥克倫堡—弗坡門（Mecklenburg-Vorpommern）

面臨波羅的海的麥克倫堡—弗坡門州位於德國北部海岸。其漢薩城維斯馬（Wismar）、羅斯多克（Rostock）和斯特拉斯恩特（Stralsund）以及其他的農業地區，長期以來爲德國最落後的地區。幾百年來，麥克倫堡的農民如農奴般被大地主剝削。政治、工業和技術各方面都相當落後。一七五五年麥克倫堡的法律中曾有這樣的句子：「一切依舊，不得有新的更改」。這項法律一直到一九一八年才告終止。難怪德國宰相俾斯麥曾這樣認爲：「如果世界倒退，就應該去麥克倫堡，因爲那兒的事情總要晚一百年才發生。」

這個最少有新的移民的麥克倫堡州約有面積三萬平方公里，人口約爲二〇〇萬。這兒是一個自然景觀之天堂，有六百多湖泊和大森林。這一自然財富很可能將是該州未來最重要的資本。這兒是休假、旅遊的理想去處。

一項很顯著的資本需求也出自那些老城，因爲老城遺留下了許多歷代州統治者和富有的漢薩商人所修築的華麗建築，年久失修的建築將耗資巨大。爲了以防建築物繼續破敗，聯邦政府已生產了特殊材料。羅斯多克、維斯馬、斯特拉斯恩特和浮爾卡斯特（Wolgast）的造船廠將部分地被保留下去。不萊梅和基爾的工業財團在這兒大量投資。原民主德國最大的海港城市羅斯多克將取代徐維林（Schwerin）成爲該州的州府所在地。

九、下薩克森（Niedersachsen）

位於聯邦德國西北部的下薩克森州爲聯邦德國第二大州，卻只有七二〇萬人口。下薩克森州爲僅次於巴伐利亞的聯邦德國最重要的農業地區，畜牧業尤其發達。在長期的單向農業經濟造成經濟落後之後，從八十年代開始，下薩克森州正朝著研究、技術和引進新工業的方向發展。生產率的增長超過了聯邦德國的平均水平。另外，沃爾夫斯堡（Wolfsburg）的大衆汽車製造廠仍給下薩克森州帶來經濟效益。在東弗里斯蘭（Ostfriesland）地區爲解決就業問題作艱苦努力的同時，在漢諾威（Hannover）－不倫瑞克（Braunschweig）－哥庭根（Göttingen）三角區卻幾乎達到了全就業。州府所在地漢諾威作爲工業和博覽會城市而聞名世界。

早在六百多年前，德國西北部的居民就被稱作爲奈達薩森（Neddersassen）人，直到一九四六年下薩克森州成立。英國軍事佔領當局將原漢諾威省和不倫瑞克、奧頓堡（Oldenburg）等地區組合成現今的下薩克森州。下薩克森州的範圍大體上相當於在十二世紀滅亡的薩克森公國。薩克森這個名稱隨著王朝的變遷而移到了德國中部地區。爲以示區別，人們將原來的薩克森部族地區起名爲「下薩克森」。

社會民主黨（SPD）和德國基督教民主聯盟（CDU）兩大政黨一直在下薩克森州輪流執政，或組成同其他政黨的聯合政府。目前該州由社會民主黨執政。

十、北萊茵－威斯特法倫（Nordrhein-Westfalen）

有居民近一七〇萬的北萊茵－威斯特法倫州是聯邦德國人口最密集的州。在民主德國加入聯邦德國之前，聯邦德國的近三分之一居民居住於此。魯爾地區是該州的工業中心地區，長期以來，它以單一的煤炭、鋼鐵生產爲特色，這種單一的傳統工業使魯爾地區遭受了一次嚴重的經濟結構危機，因此近年來也增加了其他工業部門。與其他聯邦德國各小州情況類似，相當長一段時期以來，日本大康采恩企業在該州進行大宗投資，爲發展新產品營建了高度現代化的研究設施。這些研究設施主要位於魯爾大學附近，因此這兒吸引了大批科技界的新生代。

該州是於一九四六年由原普魯士地區組成。其政黨力量從二次大戰以後變化經常，社會民主黨與基督教民主聯盟或單獨執政，或與自由民主黨組成聯合政府。一九八〇年以來，社會民主黨以絕對優勢執政。位於萊茵河畔的波恩，自一九四九年以來，一直是聯邦德國首都。

十一、萊茵蘭—法耳茨（Rheinland-Pfalz）

萊茵蘭—法耳茨州於一九四六年由普魯士之萊茵省、原巴伐利亞之萊茵法耳茨及原黑森之萊茵黑森等地區組成。由於這個地區以前從未形成過政治統一，因此被稱爲「佔領產兒」。來自萊茵黑森的作家卡爾・楚克邁耶（Carl Zuckmayer）將萊茵蘭—法耳茨州描述成「奇特的文字蒙太奇」。對他來說，萊茵蘭人與法耳茨人是兩類截然不同的人。

擁有三六〇萬人口的萊茵蘭—法耳茨州長期以來一直是經濟較落後之地區。近年來經濟有所增強，處於聯邦德國各州之中游水平。這主要歸功於路德維希港(Ludwigshafen)之化工工業和傳統的葡萄種植業。萊茵蘭——法耳茨之葡萄種植面積佔聯邦德國葡萄種植面積之三分之二。冷戰結束後，該州許多地區出現經濟困難。有時被稱爲「北大西洋公約組織航空基地」的萊茵蘭—法耳茨州，現在必須經受空軍基地和其他軍事基地之終止的事實。

自一九四七年以來，其最強的政黨爲基督教民主聯盟。它有時單獨執政，有時與社會民主黨或自由民主黨組成聯合政府。

十二、薩爾(Saarland)

從州的概念來說，薩爾州爲聯邦德國最小的州。位於聯邦德國西南部，與法國和盧森堡接壤。在這二、五〇〇平方公里的土地上居住著一百萬居民。礦冶工業之危機使該州遭到沉重打擊。就業率最低時只達三九·一%。

根據凡爾賽和約規定，一九二〇年薩爾區成爲一個政治單位，它被從德國分割出去，由國際聯盟共管，法國獲得了經濟特權並施加政治影響。一九三五年，薩爾地區的公民投票贊成薩爾區回歸德國。但是，法國在二次大戰結束後又重新想逐步吞併薩爾地區，遭到當地居民的反對。根據民意，一九五七年一月一日薩爾成爲聯邦德國的一個州。基督教民主聯盟（CDU）在一九八五年之前一直是該州的執政黨，一九八五年之後由社會民主黨取而代之。

十二、薩克森（Sachsen）

在克姆尼茨（Chemnitz）幹活，在萊比錫（Leipzig）買賣，在德累斯頓（Dresden）生活。薩克森這三大城市在舊時代的這種典型特徵和關係將在未來重新出現。勤勞的薩克森人不久將一定使其經濟出現大的轉變。擁有五〇〇多萬人口的薩克森州很久以來一直是歐洲人口最密集的地區之一。十九世紀，薩克森完成了工業化。克姆尼茨在當時被稱爲「薩克森之曼徹斯特（Manchester）」。

薩克森州之工業產品佔整個原民主德國工業品之三分之一。薩克森州曾是工人運動之堡壘，也是今天市場經濟之先鋒。這次歷史性轉折以後，企業家組成聯盟，由富裕的西部各州漢堡、巴伐利亞和巴登—符騰堡幫助薩克森進行行政管理和經濟設施。

薩克森方言一直享有威望。許多人將薩克森州稱爲專制君王，把它形容成第五號佔領當局。但薩克森人卻必須像其他各州一樣聽從柏林中央政府之指令。最明顯的例子爲城市之衰敗，以混凝土建築取代舊建築物。薩克森人因此有這樣的句子：「斷垣殘壁勝於武器」。一年前薩克森人在萊比錫開始的革命，不僅給他們帶來了自由，而且贏得了新的威望。」

薩克森人感謝他們的選帝侯所建造的城市輝煌建築。這些建築經由戰爭之破壞和幾百年之失修敗落仍不失其壯麗華美。首府德累斯頓的巴洛克建築享有易北河之佛羅倫斯之美譽。

十四、薩克森—恩哈爾德（Sachsen-Anhalt）

薩克森—恩哈爾德州是一個人爲之州。一九四五年，蘇聯軍事佔領當局將普魯士、圖林根和薩克森所屬地區合併而成該州。到一九五二年取消該州，它只存在過七年時間。在原民主德國境內，這兒是環境汚染最嚴重的州。大部分水流已植物功能性死亡，空氣汚染和食用水汚染使該州發病和死亡率大大超過其他地區。

該州重建與新近幾個月之建都之爭相互交錯。馬格德堡（Magdeburg）明顯地佔有優勢，但薩勒河畔的哈勒（Halle）市，即現今州議會所在地卻仍想表示不同意見。在人民議會選舉中，社會民主黨獲四五%的選票取勝。社會民主黨成功地在馬格德堡地區獲二七%選票，在哈勒地區獲二〇%選票。在魏瑪共和國時期，馬格德堡卻更加社會民主化，哈勒甚至被稱作爲共產黨人之堡壘。

十五、石勒蘇益格—荷爾斯泰因（Schleswig-Holstein）

位於北海和波羅的海之間的石勒蘇益格—荷爾斯泰因州擁有二六〇萬人口，是人口稀少的農業州。雖然波羅的海沿海地區諸港口擁有造船工業，但農業經濟仍佔主導地位。另一個重要經濟收入爲旅遊勝地——波羅的海的浴場。石勒蘇益格—荷爾斯泰因有一千年之久是德國與丹麥爭吵之焦點。經過兩次德丹戰爭以後，該地於一八六四年歸屬德國並於一八六六年成爲普魯士的一個省。石勒蘇益格北部多爲丹麥族居民，他們在一九二〇年公民投票中要求歸屬丹麥，而南部仍歸德國。在這個於一九四六年成立的聯邦州裏從一九五〇到一九八八年一直由基督教民主聯盟執政，一九八八年之後由社會民主黨執政。丹麥少數民族組織由南石勒蘇益格選民聯合會代理，以確保不必通過百分之五原則而在州議會中有一名自己的代表。

十六、圖林根（Thüringen）

位於原民主德國西南部的圖林根州在德國統一後就成了聯邦德國之中心地帶。圖林根也曾一直是德國歷史上的中心。馬丁・路德（Martin Luther）曾在這兒翻譯了《新約全書》；也就在這兒，一八一七年和一八四八年曾宣布統一祖國，社會民主史初期更是與圖林根緊密相關。一九一九年，德國國民議會在魏瑪召開，並爲新共和國制定了憲法——魏瑪憲法。

曾有無數的詩人、哲人在魏瑪城居住並在此發展。歌德曾在這兒生活了五十多年並在此地去世。在這片土地上，人們猛烈地爲德國統一而鬥爭過，而在十九世紀她還是典型的德意志小邦國，直到一九二〇年她才統一爲州。一九五二年民主德國取消圖林根州之前，魏瑪一直是她的首府。現在的圖林根將以艾福特（Erfurt）爲首都。基督教民主聯盟和社會民主黨爲了更好的經濟效益而在許多問題上達成統一。

圖林根擁有廣袤的森林，被譽爲德國綠色的心臟。在山峯延綿的廣大圖林根森林已計劃發展旅遊業。這項收入將有助於面臨衰敗的其他經濟機制。然而從前的圖林根卻以它的專項尖端工業而著名。耶拿（Jena）的機械師卡爾・蔡斯（Carl Zeiss）是其中的一個例子。

注：資料來源：一九九〇年十月三日《每日鏡報》。

德國統一大事記

許琳菲

一九三九年

九月一日　希特勒發動對波蘭的進攻，從而挑起了第二次世界大戰。這場戰爭歷時五年半，使歐洲的大片土地變成廢墟，奪走了五千五百萬人的生命。

一九四五年

二月四—十一日　蘇、美、英三國首腦在蘇聯克里米亞的雅爾塔開會，商討有關最後戰勝並佔領納粹德國的計畫。會議決定由蘇、美、英、法四國軍隊分區佔領戰敗後的德國，廢除或沒收德國軍需工業，將主要戰犯交國際法庭審判。

四月三十日　希特勒自殺。

五月八日　德國軍隊無條件投降。納粹德國被世界反法西斯力量所戰敗。

六月　蘇、美、英、法四國成立「盟國管制委員會」，分區佔領德國，共同處理七月十七日—八月二日　涉及德國全局的事宜。柏林由四國共管，每個國家佔領柏林的一個區。蘇、美、英三國首腦在柏林附近的波茨坦舉行會議。三國會議的結果見諸一個官方「公告」，一九四五年八月二日由斯大林、杜魯門、艾德禮簽字。這個後來被稱爲「波茨坦協定」的「公告」包括了一系列的協議和聲明，它決定性地影響了德國的前途。

一九四五年夏　在蘇佔區，允許組建全區性的政黨和若干中央行政機構。

一九四六年

四　　月　蘇聯佔領當局支持德國共產黨，迫使德國社會民主黨與共產黨聯合組成德國社會主義統一黨。蘇聯佔領區的德國社會民主黨人被禁止就合併進行表決。柏林西部各佔領區的社會民主黨人進行了表決。結果是八二%的投票人反對與德國共產黨合併。

一九四六—四七年　在西方三個佔領區舉行了各州的州議會選舉。

一九四六年底—一九四七年初　四強在德國的合作實際上結束。

一九四八年

六月二十日　美、英、法三國佔領區合併，實行德國馬克新幣制。德國在經濟上開始分裂。

九月二十一日　經過長期談判，由西方各州議會派代表組成的「議會理事會」在波恩開會，基督教民主聯盟領導人之一，前科隆市長康拉德・阿登納當選主席。該會經過七個月的工作，草擬了德意志聯邦共和國的基本法。

一九四九年

五月八日　議會理事會通過基本法。

五月二十四日　基本法生效。德意志聯邦共和國成立。

八月十四日　德意志聯邦共和國選舉第一屆聯邦議會。接著成立了聯邦機構。

九月十五日　康拉德・阿登納被選爲第一任聯邦總理。

十月七日　德意志民主共和國在蘇聯佔領區誕生。德國正式一分爲二。

一九五二年

三月十日　蘇聯政府就締結對德和約問題照會美、英、法三國政府，建議立即討論對德和約問題並儘早建立全德政府、草擬和約。

一九五三年

六月十七日　在民主德國發生暴動，但被駐德意志民主共和國的蘇聯軍隊鎮壓。

一九五五年

五月九日　西德加入北大西洋公約組織。

五月十四日　民德和蘇聯及東歐八國簽署「友好合作互助條約」，構成華沙條約組織。從此，歐洲分裂成兩大對立的軍事集團。東、西德同處於東西方「冷戰」的前哨陣地，互相敵視，互爲對手。

一九六一年

八月十三日　在這個星期日的凌晨二時，人民警察和民族人民軍開始封鎖通往西佔區的道路。用各種路障和鐵絲網將柏林分成了東西兩半，兩天後，開始壘築柏林牆：用混泥土鋼板壘成一米二五的高牆，西方佔領當局抗議封鎖行爲，到九月二十日已建成十二公里長的柏林牆，沿牆的東柏林房屋被一概拆除。一三七公里長的鐵絲網將西柏林圍成一個孤島。

八月二十三日　過境人數縮減了七成，其中四成爲西柏林人。東柏林當局規定西柏林居民必須持有通行證方能過境。

一九六二年

八月十七日　十八歲的東柏林青年彼得・菲赫特（Peter Feehter）在試圖偷越柏林牆時

中彈身亡。

一九六三年

六月二十一日　民主德國部長會議頒布民主德國和西柏林之間的《國家邊境防衛法》。

六月二十六日　美國總統肯迺迪（John F. Kennedy）訪問西柏林。他強調了他支持西柏林人民的立場：「所有自由的人，當他們要繼續活下去的時候，他們就是西柏林的市民。因此，我作爲一個自由人，也可以驕傲地說：我是柏林人。」（最後一句話是用德語說的）

十二月十七日　第一個通行證協定，有效期爲十二月十九日至一九六四年一月五日。西柏林居民第一次被允許探望在東柏林的親戚。

一九六四年

九月九日　民主德國允許退休老人來西德探親。

九月二十四日　新的通行證協定，延長探親期限。

十一月二十五日　民主德國規定西柏林居民入東德境每人每天必須兌換至少六・五〇西馬克（比價爲一：一）。

一九六五年

二月五日　有關「復活節」和「聖靈降臨節」的通行證協定。

十一月二十五日　有關「聖誕節」和「元旦」的通行證規定。

一九六六年

十月六日　有關緊急家庭事故的通行規定。

一九六八年

六月十日—十一日　民主德國規定西德本土與西柏林之間的旅行和過境轉運須持護照和簽證。在此之前，只需身分證。

一九七〇年

三月十九日　聯邦德國總理維理・布朗德（Willy Brandt）和民主德國部長會議主席維力・斯都夫（Willi Stoph）在艾福特（Erfurt 東德境內）會面。

五月二十一日　布朗德和斯都夫在卡塞（Kassel，聯邦德國境內）第二次會面。聯邦德國建議兩國的關係按條約正常化。

一九七一年

一月三十一日　東西柏林之間重新通電話，電話往來在一九五二年五月被中斷。

五月三日　民主德國首腦瓦特・烏爾布利希特（Walter Ulbricht）告退，艾利希・侯內克（Erich Honecker）接任社會統一黨（SED）中央委員會第一書記。

九月三日　美國、蘇聯、英國和法國四個佔領國簽訂有關柏林的四強協定。

十二月十七日　國務秘書愛貢・巴爾（Egon Bahr）和米歇爾・柯爾（Micheal Kohl）簽訂聯邦德國與民主德國間的轉口運輸協定。

十二月二十日　民主德國和西柏林當局就旅行、探親往來和土地交換達成協議。

一九七二年

五月二十六日　愛貢・巴爾和米歇爾・柯爾簽訂交通條約。

六月三日　四強柏林最後議定書簽訂，從此所有有關的條約生效。

七月二十四日　西柏林和民主德國三十二個地區開始通自撥電話。

十二月二十一日　愛貢・巴爾和米歇爾・柯爾簽訂基本條約。至今的東西德關係就是根據此條約。該條約在半年後生效。

一九七三年

十一月五日　入東德境基本兌換金加倍；此一規定在實行一年後取消，恢復到原有數目。

一九七四年

五月二日　東西德分別在東柏林和波昂設常駐代表。駐東柏林的聯邦德國代表同時也代表西柏林。

一九七五年

八月一日　民主德國簽署赫爾辛基協定。

十月二十九日　民主德國與西柏林當局簽署邊境河流事故互助協約。

十二月十九日　民主德國與聯邦德國簽署關於擴建通向柏林運輸道的協議。

一九七八年

十一月十六日　柏林—漢堡高速公路協議簽訂，並就水路運輸線的保養和開放泰爾托夫（Teltow）運河達成協議。

一九八〇年

一月一日　轉口運輸總款替代了原先聯邦德國公民和西柏林居民的民主德國境內道路使用費。轉口運輸總額從五千萬西馬克上升至一九八九年的五二五百萬西馬克。從一九一九年至一九九九年每年要付八六〇百萬西馬克。

一九八三年

十月九日　基本兌換金提高至二十五馬克。聯邦德國政府就此提出抗議。

九月十五日　艾利希・侯內克與西柏林市長理查得・馮・維茨克（Richard von Weizsäcker）在東柏林會晤。

一九八四年

一月九日　西柏林交通公司（BVG）接管西柏林市內快車線（S-Bahn），在此以前由德意志國家鐵路（東德）管理。

十一月三十日　民主德國開始在兩德邊界修建自爆裝置，放寬出境許可條約：一九八三年有一一、三〇〇人獲准；一九八四年有四〇、九〇〇人獲准；一九八五年又只有二四、九〇〇人獲准。

一九八五年

十一月一日　在兩德邊界拆除地雷。

一九八七年

六月八日　東柏林青年與人民警察在布蘭登堡凱旋門（Brandenburger Tor）發生衝突。這些年輕人只想共賞位於西柏林境內的帝國國會大厦前的搖滾音樂會。

九月七—十一日　艾利希・侯內克對聯邦德國作正式訪問。

一九八九年

一月十八日　艾利希·侯內克宣布，只要建造柏林牆的理由沒有改變，柏林牆將繼續存在五十年到一百年。

二月六日　最後一位東德公民在柏林牆喪生。至此總共有七十八人在越境時喪生。

三月二十八日　基於從三月一日開始的復活節有關規定，四千多西柏林公民利用此機第一次在東柏林的親朋家過夜。

六月十三日　有三七六名東德公民第一次在西柏林參加「教會日」。

八月一日　旅遊手續進一步簡化：西柏林公民在邊境塡表卽可得到入境許可，並可以在奧得河畔的法蘭克福（東德境）和波茨坦（東德境）過夜。

九月四日　在萊比錫（Leipzig）秋季博覽會期間，一千二百人舉行了周一示威遊行。他們高舉的標語爲：「要旅行自由，不要大逃亡。」強大的警力並沒有引發事端，儘管口號中還有「秘密警察滾蛋」、「圍牆滾蛋」和「自由旅行到基森（Gießen，西德境內）」。

九月十日　匈牙利開放對奧地利邊境。一萬東德公民越過奧地利境來到聯邦德國。到十月三十日止，共有五萬東德公民入西德境。

九月二十五日　萊比錫「周一示威遊行」的參加者不斷增加，當天有八千人參加；十月二日有一萬五千人參加；十月九日有七萬人參加；十月十六日有十五萬人參加；十月二十三日最終有三十萬人參加。一星期後仍有同樣多的羣衆參加。艾利希・侯內克在數周病假後重新工作。

九月三十日　布拉格和華沙駐民主德國使館內的東德難民潮結束。出於「人道主義」，在這些使館內的東德難民被幾次接送出境。幾天後，有六千東德公民乘東德特別列車過東德境進入聯邦德國。

十月二日　由於警察干涉，萊比錫示威結束。示威者高呼「我們留在這裏。」

十月三日　捷克斯洛伐克與東德之間的過境重新需要簽證。

十月四日　一萬東德公民乘封閉的特別列車離開布拉格出境。

十月五日　一千五百人在東柏林 Prenzlauer Berg 的 Gethsemane 教堂呼籲安定和非暴力。

十月六日　東德拒絕西方旅遊者入東柏林。

十月七日　民主德國四十周年國慶。七千名示威者在首都柏林遊行。秘密警察用殘暴的手段對付示威遊行者。深夜，示威遊行者被圍困在 Prenzlauer Berg。

七百人被捕。當天，在德累斯頓（Dresden），萊比錫（Leipzig），波茨坦（Potsdam），伯羅恩（Plauen）和耶拿（Jena）都有羣衆示威遊行。總共有上千人被捕。艾利希・侯內克開始採取強硬方針來對付示威運動。戈巴契夫提出警告：「誰仍執迷不悟將受到懲罰。」東德成立社會民主黨。

十月九日　七萬民衆在萊比錫舉行和平示威遊行。其他各地也有類似行動。除哈勒（Halle）一地外，強悍的秘密警察出人意料地沒有採取行動。在德累斯頓，市長別格霍夫（Wolfgang Berghoffer）甚至與示威羣衆代表會談。

十月十一日　繼匈牙利之後，波蘭也同樣宣布，不將任何希望從他們國家出境的民主德國公民遣送回國。

十月十三日　經過幾天不斷的警告，被捕的示威遊行者終於獲釋。德意志自由民主黨（LDPD）主席曼夫利德・葛爾拉哈（Manfred Gerlach）對社會統一黨的一黨專制提出質疑。但是侯內克仍然堅定地和他的副手們商討「在進一步發展社會主義的豐碩成果中的當前任務。」

十月十六日　德累斯頓、馬格德堡和哈勒舉行龐大羣衆集會。

十月十八日　艾利希・侯內克被免職。中央委員會選舉愛貢・克倫茨（Egon Krenz）爲侯內克的接班人。十月二十六日議會表決通過克倫茨任國家主席，其中二十六票反對，二十六票棄權。

十月十九日　東德境內各地有更多的民衆要求改革，並舉行示威遊行。其中最引人注目的就是「新論壇」（Neues Forum）。示威者提出如下要求：新聞自由、自由選舉、旅行自由、社會統一黨放棄一黨專制，黨和國家分離。民衆們對新任主席克倫茨和其他領導人表示了不滿。

十月二十日　民主德國允許在此之前逃離本國的公民回國。社會統一黨領導人第一次在電視現場討論會上出現。德累斯頓市市長別格霍夫強調了每個公民應在旅行方面享有同樣的自由權。社會統一黨的首席理論家奧托・萊恩厚得（Otto Reinhold）教授，在聯邦德國第二電視臺（ZDF）解釋說，新的旅行規章當然是以維持柏林圍牆現狀爲條件的。

十月二十五日　聯邦德國自由民主黨（FDP）國會黨團主席米希尼克（Wolfgang Mischnick）作爲聯邦德國第一位政治家在東柏林與克倫茨進行了會談。

十月二十七日　民主德國宣布大赦被判爲背叛共和國罪的犯人。被捕者應在十一月三十日之前獲得釋放。去捷克斯洛伐克的旅遊，再度免簽證。這又引起了新的逃亡浪潮。

十月二十九日　東柏林市長艾哈德·克拉克（Erhard Krack）和社會統一黨主委工特·沙勃夫斯基（Günter Schabowski）在「紅廳」（Roten Rathaus，柏林市議會）前回答民衆的提問。與會者呼籲爲柏林牆獻身的勇士默哀。

十一月四日　第二次世界大戰後的最大示威遊行：近一百萬民衆在東柏林響應藝術家的民主呼籲。

十一月七日　民主德國部長會議全體辭職。

十一月八日　政治局全體辭職，當天選舉了新的委員會。克倫茨當選爲第一書記。大規模示威遊行仍接連不斷。人民議院的憲法委員會和自由德國青年聯盟（FDJ）抵制新的旅遊法規草案。

十一月九日　民主德國在夜晚突然開放西柏林和聯邦德國邊境。直到這天深夜人們還沉浸在友誼和重聚的歡樂中。成千上萬人享受了這不太習慣的過境自由。邊境檢查人員對過往東德公民放棄檢查，旅遊權利即時起對每個東德公民生效，在第一天不要任何手續。

十一月十日　西柏林市議會舉行特別會議。市政廳（Schöneberger Rathaus，西柏林市議會所在）前舉行了羣衆集會。聯邦總理柯爾、聯邦外長根舍、西柏林市長蒙巴和前柏林市長、前聯邦總理維理・布朗德以及西柏林市議會議長吳拉伯（Jürgen Wohlrabe）都到會講了話。開放新的過境站：Glienicker Brücke 和 Kirchhainer Damm。

十一月十一日

十萬多東德公民來到西柏林。整個西柏林出現交通堵塞現象。新開放的過境口：Jannowitzbrücke地鐵站，Eberswaledr/Bernauer大街，Puschkin大道。

十一月十二日

五十萬東德公民來到西柏林，市內部分汽車道堵塞，地鐵線由於擁擠而無法正常運行。過境運輸也出現困難。儘管沒有邊檢，仍使汽車長龍從邊境口前排起五十公里開外。波茨坦廣場開放新的邊境站：西柏林市長蒙巴和東柏林市長克拉克在邊境會面。

十一月十三日

前德累斯頓社會統一黨主委漢斯・莫多羅夫（Hans Modrow）升任爲民主德國總理。德國民主農民黨主席馬洛達（Günther Maleuda）就任民主德國人民議院主席。柏林新開過境站：Wollank 大街和 Falkenseer 大路。

十一月十四日 新開過境站：Stubenrauch大街，Philipp-Müller大街／Ostpreußendamm和 Späth 大街。東德至今已批准五百七十萬簽證，批准一一七五四份出境申請。開始考慮開放布蘭登堡凱旋門。

十一月十五日 東德新政府提出了新的改革方案，並爲各種羣衆運動提供了「圓桌會議」。

十一月十六日 國家律師協議要求取消對楊卡（Walther Janka）的裁判。西柏林市議會要求得到波昂（Bom）的幫助。聯邦總理柯爾聲明，德國統一問題必須由民主德國人民作出回答。

十一月十七日 英國外長胡德（Hurd）訪問柏林。莫多羅夫在他的施政聲明中要求與聯邦德國作密切的合作，並將繼續堅持改革。東西德的體育協會主席就自由體育往來達成協議。東德公民再次湧向西柏林和聯邦德國，造成交通混亂。

十一月十八日 人民議會以絕對多數選出了以莫多羅夫爲首的聯合政府。東德馬克滙率下跌，有時低到一：二〇。歐洲共同體願意對東歐的改革提供援助。

十一月十九日 在各個分發「見面禮」的銀行，郵局門前站著東德公民的長陣。由於地鐵超員西柏林交通公司必須時爾關閉個別地鐵站。西柏林商場的營業時間一再延長。

十一月二十日　聯邦總理辦公室主任塞特斯(Seiters)與克倫茨和莫多羅夫在東柏林見面。聯邦德國對民主德國援助的程度要視其改革的程度而定。二十五萬人在布拉格溫澤廣場示威，要求他們的政府下臺。

十一月二十一日　又有四十萬人從東德到西德作短期旅遊。世界各地熱衷於收集紀念品之人士都設法搞到「一塊柏林牆」。

十一月二十二日　通過東湖的交通道暢通。

十一月二十三日　前政治局掌管東德經濟的米塔格(Günter Mittag)被開除出社會統一黨，對侯內克也提議開除其黨籍。東德政府加強海關檢查，以防東德被賣空了。西柏林市長蒙巴願意幫助東德，採取措施對付投機分子，他同時也建議取消基本兌換金。聯邦政府考慮是否支持東馬克的外滙率，以及「見面禮」是否多餘的問題。

十一月二十四日　捷克斯洛伐克的黨領導集體辭職。三十萬以上的示威者向杜布切克(Alexander Dubček)歡呼。克倫茨宣布，社會統一黨將放棄根據憲法第一條而來的一黨專制。德累斯頓市長別格霍夫指出，十二月的社會統一黨代表大會應對德國聯邦問題進行討論。西柏林邦銀行派遣大量載重汽車，往東柏林運送十馬克現鈔和五馬克銅板，以解決東柏林國家銀行十五馬克旅行費的順利支付。一千一百萬以上的東德公民在此期間得到旅遊簽證。據此，他們可以在西方不受限制地旅行半年。

十一月二十五日　德意志漢莎航空公司（Lufthansa）和民主德國國際航空公司（Interflug）就進一步合作達成協議。

十一月二十六日　自由德國青年聯盟從社會統一黨獨立出來。克倫茨訪問萊比錫，強調了東德改革中城市的領導作用。人民議院主席馬洛達預告一九九〇年秋的新選舉。

十一月二十七日　東德政府發言人麥耶爾（Wolfgang Meyer）透露，東德正着手取消過境兌換金制和聯邦公民及西柏林市民的簽證制工作，可望在聖誕節前實現。自由民主黨（FDP）在波昂的國會黨團建議無條件支援民主德國。自由德意志總工會（FDGB）強調它是獨立於社會統一黨的。《新論壇》在萊比錫組織了周一大示威，二十萬示威遊行者要求繼續進行改革和實現德國邦聯。漢諾威（Hannover，西德境內）市長舒瑪斯蒂（Schmalstieg）支持示威。在民主德國人們猜想著誰是克倫茨和莫多羅夫的競爭者。

十一月二十八日　就德國聯邦的可能性一事在聯邦議會展開了討論。柯爾就德國政策提出了「十點計劃」。

十一月二十九日　聯邦總理柯爾的「十點計劃」在國內外不同程度地被接受。西柏林市政府宣布，由於政府準備金已經用完了，所以儲備金已告罄。

十二月一日　聯邦總理柯爾和西柏林市長蒙巴在波昂約定向西柏林追加財政援助。東德人民議會從憲法第一條刪除了社會統一黨的一黨專制的規定。

十二月二日　東柏林中央委員會大樓前，成千的社會統一黨黨員要求政治局辭職。人們以「我們不再信任你」的口號淹沒了克倫茨的講話。美蘇首腦在瑪爾他（Malta）舉行兩天會談。戈爾巴契夫在德國問題上強調，兩德未來的命運可以「在赫爾辛基過程的觀點下」得到解決，揠苗助長是會傷害此一過程的。

十二月三日　以克倫茨爲首的政治局辭職。在中央委員會特別會議上，一些黨的領導人被開除出黨，如艾利希・侯內克、維力・斯都夫和艾利希・米爾克（Erich Mielke）等。米塔格和梯許（Harry Tisch）以不忠誠嫌疑而被捕。

十二月四日　西柏林市長蒙巴號召東德公民須審愼，講紀律。聯邦外長根舍在莫斯科向

十二月五日 戈爾巴契夫解釋了「十點計劃」。總理辦公室主任塞特斯和政府首腦莫多羅夫就下列問題取得協議，即從一九九〇年一月一日起，所有聯邦德國公民和西柏林公民過境免簽證、免基本兌換金。他們預告了東德將調整外滙基本滙率，東德公民去西德旅行手續將更簡化，並認爲西德的一百馬克「見面禮」是多餘的。東柏林市長克拉克和西柏林市長蒙巴就東西柏林不拘形式的市政合作達成協議。

十二月六日 克倫茨辭去國家會議主席和國家軍事會議主席職，由德意志自由民主黨主席葛爾拉哈(Manfred Gerlach)代理。民主德國特赦一五、〇〇〇罪犯。

十二月七日 「圓桌會議」開幕，首先討論修改憲法問題。代表十四個組織的三十名反對黨和教會代表在 Dietrich-Bonhoeffer 大廈集會兩天。

十二月八日 社會統一黨在位於東柏林白湖的 Dynamo 體育館舉行了兩天的臨時黨大會。在此之前，在「圓桌會議」上已經決定：制訂新的憲法，徹底解散國家安全局，並在一九九〇年五月六日舉行自由大選。前政治顯要艾立希・米爾克、維力・斯都夫、工特・克來伯（Günther Kleiber）和維納・克羅里克夫斯基（Werner Krolikowski）由於濫用權力被捕。開始對侯內克和赫曼・阿克森（Hermann Axen）進行審查。歐洲共同體在史特拉斯堡（Straßburg）舉行了兩天高峯會議。會上承認德國公民有權「通過自由自決達到統一」。

十二月九日　開境一月整。又有上百萬的東德公民湧向西德，其中一、八〇〇人滯留在西德。社會統一黨臨時黨大會所選出繼承克倫茨的，是四十一歲的柏林律師葛雷戈・居希（Gregor Gysi），他的副主席是莫多羅夫和別格霍夫。會上同意社會統一黨繼續存在，下周將議定新黨名和改革方案。五十萬黨員在近兩個月內退出了社會統一黨。

一九九〇年

二月一日　民德部長會議主席莫羅多夫提出統一德國的「四步方案」。

二月七日　西德政府向民德建議立即開始有關貨幣聯盟及經濟改革的談判。

二月十三日　美、蘇、英、法四國和兩德外長在渥太華商定，舉行「二加四」外長會議，討論解決有關德國統一的「外部問題」。

三月十八日　民德大選揭曉，德國聯盟獲勝並組閣。基督教民主聯盟（東德）主席德梅傑出任總理。

五月十八日　東西德簽署關於建立貨幣、經濟和社會福利聯盟的國家條約。

七月一日　國家條約生效。西德馬克取代東德馬克。東德在貨幣、經濟和社會福利領域全面引入西德的現行法律制度。

八月二日　兩德政府草簽選舉條約，決定於十二月二日舉行全德大選。

八月二十三日　東德人民議院特別會議通過一九九〇年十月三日加入聯邦德國的提案。

八月三十一日　兩德政府簽署關於實現政治統一的「統一條約」。

九月十二日　美、蘇、英、法四國和兩德外長在莫斯科舉行第四輪「二加四」會談並簽署「最終解決德國問題的條約」。條約對統一後德國的邊界、軍事政治地位、結束四大國對德權利和責任、統一的德國享有完全的主權等作出一系列規定。

九月二十一日　兩德議會批准兩德統一條約。

十月一日　美、蘇、英、法和兩德外長在紐約簽署一項宣言，宣布停止英、法、美、蘇四國在柏林和德國行使權力。

十月三日　兩個德國實現統一。

三民叢刊11 12

中央社的故事

周培敬 著

六十年來，中央通訊社一直在中國新聞界的發展上扮演著重要的角色；從建立全國性的電訊網，收回外國通訊社發稿權，見證八年抗戰，親歷臺灣經濟奇蹟，目睹了退出聯合國，中央社一遍遍的做下時代的紀錄。它寫著這些年的歷史，從而也把自己寫進了歷史之中。

三民叢刊13

梭羅與中國

陳長房 著

美國作家梭羅以其《華爾騰》（或譯《湖濱散記》）一書呼喚人們在日常更深入的生活，創造更有意義、更為快樂的生活，而聞名於世。其對生活的態度正與中國的孔、孟、老、莊思想有相契之處。作者陳長房先生層層爬梳，探究其間的關係，並論述了梭羅的作品及思想。透過這跨文化的比較，也許正可幫助我們在濁世中尋覓桃源。

三民叢刊14

時代邊緣之聲

龔鵬程 著

時代的邊緣人，不是無涉於世事的出世者，他只是退居在時代激流之旁，以讀書、讀人、讀世自遣，以文字聊為時代留下些註腳。本書即是以時代邊緣人的心情自謂而做的記述，偶或玩世不恭，亦曾獨立蒼茫，但終究掩不住其對時代的關切及奮激之情。

三民叢刊15

紅學六十年

潘重規 著

本書為「紅學論集」的第三本，集中討論紅學發展，及列寧格勒《紅樓夢》手抄本的發現報告及研究。作者於《紅樓》眞旨獨有所見，歷年來與各方論辯之文章，亦收錄於書中，庶幾使讀者一窺《紅樓夢》之眞意所在，及紅學發展之流變。

三民叢刊16

解咒與立法

勞思光　著

近來臺灣的社會力在解除了身上的魔咒之後，一時四處噴發，整個社會因而孕育著新生和希望，也充滿了騷動和不安。勞思光先生以其治學的睿智，剖析社會紛亂的眞象，指出：「解咒」之後，必須「立法」，亦即建立新的規則，若在這一步上沒有成果，則所謂「進步」亦失去意義。值得吾人深思。

三民叢刊17

對不起，借過一下

水晶　著

「對不起，借過一下！」要借的是：在舉世滔滔，資訊爆炸的年代，各人心靈上的一點空間，來容納書中帶來之感性與理性的清涼。

本書爲作者近作之散文及評論的合集，散文率從生活小事著墨，筆觸輕靈動人。評論主要針對張愛玲、錢鍾書二氏之作品，亦抉其幽微，篇篇可誦。

三民叢刊18

解體分裂的年代

楊渡　著

隨著歷史的前進，臺灣的生活方式由農業生活轉入了工業社會，生活方式的改變也帶來了社會結構，包涵政治、經濟等方面的結構解體、分裂，與重組，而重組的路究竟通向何方？改革？或是革命？

作者近來年著力追尋改變的軌跡，肯定了改變的根源來自民間，其路向也該朝向人民的需求。書中文字即紀錄了作者追尋過程中所注意到的種種現象，期能透過對這些現象的反省，從中得到記憶的力量。

國立中央圖書館出版品預行編目資料

德國在那裏？：聯邦德國四十年／郭恒鈺・許琳菲等著.--初版.--臺北市：三民，民80
冊；　公分.--（三民叢刊）
ISBN 957-14-1775-0（政治・經濟篇：平裝）
ISBN 957-14-1776-9（文化・統一篇：平裝）

1.德國—歷史—1945-

743.26　　80000728

 德國在那裏？

—聯邦德國四十年

（文化・統一篇）

著　者　郭恒鈺・許琳菲 等
發行人　劉振强
出版者　三民書局股份有限公司
印刷所　三民書局股份有限公司
地址／臺北市重慶南路一段六十一號
郵撥／〇〇〇九九九八——五號
初　版　中華民國八十年四月
編　號　S 74007
基本定價　貳元捌角玖分
行政院新聞局登記證局版臺業字第〇二〇〇號

ISBN 957-14-1776-9（平裝）